■母音語幹用言■

<白抜き数字は初出の課を示します>

⑤買う 사, 사, 사
⑤会う 만나, 만나, 만나
⑱起きる 일어나, 일어나, 일어나

⑬行く 가, 가, 가
㉟出ていく，出かける 나가, 나가, 나가
⑱乗り換える 갈아타, 갈아타, 갈아타

⑯乗る 타, 타, 타
⑱寝る，眠る 자, 자, 자
⑳打つ，弾く 치, 치, 쳐
⑤飲む 마시, 마시, 마셔

⑬かよう，勤める，行き来する 다니, 다니, 다녀
⑯勝つ 이기, 이기, 이겨
⑱かかる 걸리, 걸리, 걸려

⑤見る 보, 보, 보아 または 봐
⑬来る 오, 오, 와
⑤待つ 기다리, 기다리, 기다려

⑳やる，くれる，もらう 주, 주, 주어 または 줘
⑪学ぶ，習う 배우, 배우, 배워
㉟出てくる 나오, 나오, 나와

㉞替える，取り替える 바꾸, 바꾸, 바꾸어 または 바꿔
㉞送る，過ごす 보내, 보내, 보내어 または 보내

⑭休む 쉬, 쉬, 쉬어
㉑なる，できる，いい，大丈夫だ 되, 되, 되어 または 돼
㉞出す 내, 내, 내어 または 내

⑪使う 쓰, 쓰, 써
㉔書く 쓰, 쓰, 써
㉖大きい 크, 크, 커
㉙すいている 고프, 고프, 고파

ヘヨ体の現在形（▶p.138）
㉕いらっしゃる 계시, 계시, 계셔
㉕お休みになる 주무시, 주무시, 주무셔

㉕召し上がる 드시, 드시, 드셔

□ル不規則用言（▶p.148）
㉔知らない，わからない 모르, 모르, 몰라
㉜違う，異なる 다르, 다르, 달라
㉜いっぱいだ 부르, 부르, 불러

□ハダ不規則用言（▶p.92）
⑤する 하, 하, 해
⑰働く 일하, 일하, 일해
⑯好きだ，喜ぶ 좋아하, 좋아하, 좋아해

□指定詞（▶p.53, p.96, p.104）
⑩～だ，～である 이, 이, 이어
㉒～でない 아니, 아니, 아니어

パンマル，ヘヨ体の現在形，終声字のない名詞の後ろで（▶p.144-145）

※その他のハダ不規則用言は省略

■子音語幹用言■

⑮ 食べる
먹 먹으 먹어

⑯ 読む
읽 읽으 읽어

⑲ 遅れる，遅くなる
늦 늦으 늦어

⑮ ある，いる
있 있으 있어

⑮ ない，いない
없 없으 없어

㉛ 着る，履く
입 입으 입어

㉗ おいしい
맛있 맛있으 맛있어

⑰ おもしろい，楽しい
재미있 재미있으 재미있어

㉚ まずい
맛없 맛없으 맛없어

⑰ つまらない
재미없 재미없으 재미없어

⑮ すわる
앉 앉으 앉아

⑯ 置く
놓 놓으 놓아

㉓ 探す，見つける，訪ねる，引く
찾 찾으 찾아

⑮ 取る，つかむ，つかまえる
잡 잡으 잡아

⑯ 受け取る
받 받으 받아

㉓ 良い
좋 좋으 좋아

㉓ 多い
많 많으 많아

㉖ 小さい
작 작으 작아

㉖ 同じだ，～のようだ
같 같으 같아

□ティグッ不規則用言〔▶p.125〕

㉘ かまわない，大丈夫だ，悪くない
괜찮 괜찮으 괜찮아

⑯ 聞く
듣 들으 들어

㉖ 尋ねる
묻 물으 물어

□ピウプ不規則用言〔▶p.146〕

㉛ 辛い
맵 매우 매워

㉛ 暑い
덥 더우 더워

㉛ 寒い
춥 추우 추워

㉓ やさしい
쉽 쉬우 쉬워

㉓ むつかしい
어렵 어려우 어려워

□ヒウッ不規則用言〔▶p.149〕

㉜ このようだ，こうだ
이렇 이러 이래

㉜ そのようだ，そうだ
그렇 그러 그래

㉜ あのようだ，ああだ
저렇 저러 저래

㉜ どのようだ，どうだ
어떻 어떠 어때

㉜ 赤い
빨갛 빨가 빨개

㉜ 青い
파랗 파라 파래

㉜ 黄色い
노랗 노라 노래

㉜ 黒い
까맣 까마 까매

㉜ 白い
하얗 하야 하얘

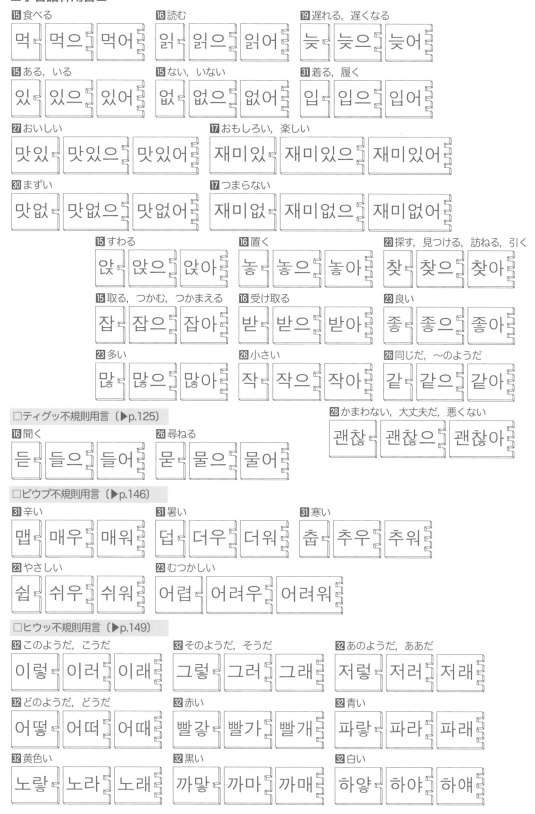

しくみで学ぶ

初級朝鮮語
改訂版

内山 政春 著

白 水 社

この教科書の音源は白水社ホームページ（https://www.hakusuisha. co.jp/news/n44880.html）からダウンロードすることができます（お問い合わせ先：text@hakusuisha.co.jp）。

装丁　株式会社アイ・ビーンズ

まえがき

　本書は「日本の大学の第二外国語科目」で用いることを前提に作られています．そしてそのために考慮されるべき条件は次のようなことがらだと筆者は考えています．

　□ 学習者が日本語話者であるということ．
　□ 第二外国語科目は学習時間が限られているということ．
　□ 大学の授業は一定の期間にわたって進められるということ．
　□ 大学生は「大人」であるということ．

　外国語は学習者が自分の母語と対照させながら学ぶのですから———母語を用いないいわゆる直接教授法というものもありますが，その場合でも学習者は自分の中で母語と対照させているのがふつうでしょう———外国語の教科書は学習者の母語ごとに準備されるべきものです．韓国の朝鮮語教育機関で発行されているものはその点で望ましくありません．ある言語の話者にはやさしいことでも別のある言語の話者にはむつかしいということがあるからです．本書は日本語話者の立場からの難易度を考慮して書かれました．

　次に，第二外国語として学ぶのですから，学習に多くの時間を割くことはできません．韓国発行の教科書の多くは長期間の学習が前提となっているため，その点でも日本での学習には適していないのです．本書は1課4ページ構成とし，前半は1課を1回の授業で，後半は1課を2回の授業で学べる分量としました．実際に単語を覚えたり読めばわかることを読んでおくなど，自分でできる勉強についてはそれがしやすい構成としました．辞書がなくても学べるように，巻末には日本語と朝鮮語の両方から引ける索引を設けてあります．

　第三に，一定の期間学習することがあらかじめ決まっている，ということは，どこまで進むかがわかっているということです．そのため，そのゴールまでに学ぶべき内容を整理し，**やさしいものからむつかしいものへと段階的に学べる**よう配列する必要があります．難易度を無視した「よく使う形だから先に学ぶ」という主張は，学ぶ期間が決まっているという条件を考慮していないものだといわざるをえません．本書では，学んでいない事項（特に文法項目）を含む文を先に出すということは行なわないようにし，積み重ねによって確実に力がつくよう考慮した上で学習順序を決定しました．

　最後に，大学生が「大人」である——言語学習上の話です——ということと関連して，

英語学者にしてエスペランチストであった故水野義明氏の主張を紹介します．

「私は長いあいだ教師をしてきたが，人にものを教えるときには，まず相手の特徴をよく知らなければならないと思う．日本でふつうエスペラントを学びはじめるのは，一定の年令に達していて，一般的教養や社会常識，人生経験，それにある程度の語学的素養のある人たちが大部分だ．そういう学習者を相手にしているのに，中学の1年生にはじめて英語を教えるように，「楽しい」イラストを示しながら，身ぶり手ぶりをまじえて「おもしろおかしく」授業を進める必要がはたしてあるのだろうか」（『エスペラント』1989年4月号，日本エスペラント学会（現日本エスペラント協会））．

我が意を得たり，同感です．本書は可能な限りリクツによる説明を心がけました．大人の学習者にはそれが記憶の手がかりになると考えるからです．水野氏は「文の構造や文法事項の説明には日本語と英文法の知識を援用し，テキストの理論的，論理的把握を優先させる」とも述べています，本書を作るにあたりこのこともおおいに参考にさせていただきました．

外国語の学習というと「まず会話」というのが最近の風潮ですが，ことばの技能を「読み，書き，聞き，話し」に分けた場合，会話にあたる後ろの2つは前の2つよりもむつかしい，ということを認識する必要があります．そして会話ができるためには「読み，書き」の能力が備わっていることが条件になります．「コミュニケーションのために」文法を軸とした学習を心がけましょう．

本書の初版は2008年に出版されました．それまで少しずつ手直しをしつつ用いてきた私家版教科書をまとめたものです．正直に申し上げれば，これでコピーの手間が省ける，ぐらいの気持ちでいたのですが，予想外にいくつかの大学でも教科書として採用してくださり，心から感謝しております．今回，本書の続編である『しくみで学ぶ中級朝鮮語』の出版にあわせ，若干の単語の入れ替えや学習順序，練習問題などの変更を行ないました．改訂版の試用本もやはり授業で使用してくださった先生方からご意見をいただきましたし，特に梁禮先氏からはネイティブスピーカーとして数々の貴重なご指摘をいただきました．にもかかわらず本書の内容は日本語話者が外国語として朝鮮語を学ぶ立場を優先させたものであり，すべての責任は筆者が負うものです．不備な点などのご指摘，ご批判をお待ちしています．

本書の出版にあたっては，前回と同じく白水社編集部の堀田真氏から多くのアドバイスをいただきました．あわせてお礼申し上げます．

2021年10月　内山 政春
utiyama@hosei.ac.jp

本書の特徴と使い方

　本書は**日本語から朝鮮語へ置き換える力をつける**ことに最大の重点を置きました．そのことを実現するために，文字と発音の部分を除くいわゆるスキットを学ぶ各課は次のような構成を採っています．

　□最初に日本語文を載せる（学習者は学習内容をざっと確認する）．
　□日本語文の番号順に学習項目を配置する（学習者は順序どおりに学ぶ）．
　□最後に朝鮮語文を載せる（学習者は読みや置き換えなどの練習をする）．

　日本語と朝鮮語の順序が，一般の外国語教科書とは逆になっているわけです．このような構成を試みた理由は次のとおりです．

　授業が始まり新しい課に入る．冒頭の外国語文を教師が読み，次に学習者にもいっせいに読ませる（いわゆるコーラスリーディング）．よくある風景だと思いますが，考えてみると，その時点で学習者が接する文には，語彙にも文法にもまだ学んでいないものが含まれているのです（新しい課ですから当然です）．しかし，わからない文を音読する，ということにどれほどの意味があるのでしょうか？

　筆者は他の市販の教科書を使っているころから，まず文法の説明と練習をして，最後に冒頭の朝鮮語文に戻って読みの練習をさせていました．「大人が限られた時間で学ぶ」ためには，それがもっとも効率のいい方法だと考えたからです．

　この方法をとれば，各課の朝鮮語文を読むときにはすでに必要なことは学び終えているので——新出単語も学習項目の練習問題に織り込んであります——リクツの上では朝鮮語文を読んで意味をとることができるはずです．いちどの練習ですべてを理解し記憶できているとは限りませんが，その場合は該当の学習項目に戻ればよいのです．

　日本語文と朝鮮語文は各課のそれぞれ1ページ目と4ページ目にありますから，あいだの2，3ページ目を丸めて両方を見ながら練習することもできますし，片方から片方へ置き換え練習をすることもできます．一般的には，朝鮮語→日本語の練習のあと，日本語→朝鮮語の練習をするのがよいでしょう．擬似的ではありますが，**自分の言いたいことを朝鮮語で言う訓練をすることになる**わけです．筆者は本務校でこの方法で復習をするよう学生たちに勧めています．日本語文を先に提示するこの方法は本書初版の出版後さいわいにもいくつかの朝鮮語教科書で採用され，筆者自身の考えが荒唐無稽ではなかったと安堵しています．

　学習段階別にみると，本書は次の3段階にわけることができます．

■第1課～第10課（文字と発音）

　文字とその読み方を学びます．早く文字に慣れてもらうために，カタカナは振ってありません．文字と発音の練習だけのための単語は極力排しました．提示されている単語はほぼかならず後ほどスキットや練習問題に出てきます．文字を覚えるのと同時になるべく多くの単語を覚えていきましょう．各課の「練習」では，その中でも特に有用な単語が選ばれています．優先して覚えるようにしましょう．**外国語の学習においては単語を覚えるという作業が文法の理解に負けず劣らず重要**です．

■第11課～第20課（基本的な文の作り方と発音変化）

　基本的な文の作り方を学びます．具体的には「～します／～しますか」とその過去形「～しました／～しましたか」などの形です．

　この範囲のスキットはひとりの人物による「独白文」を中心に構成し，登場人物が複数あらわれるいわゆる「会話文」は最低限におさえました．学習の初期の段階では，単語ももちろんですが，基本的な文の暗記——文法のしくみを理解した上での——が必要になってきます．その場合の覚えやすさを考えたとき，会話文は望ましくないと考えたのです．英語の学習に際しての「対話文は関係文であるから，覚えた文を暗唱するとなるとまるで落語のような一人芝居となって，覚えるのがとんでもなく困難になる．大部分の日本の学習者には，英語は外国語なのだから，まずモデルとして覚えるべき文章は一定の文体で書かれた「説明文」であるべきだ」（中村敬『なぜ，「英語」が問題なのか』三元社）という主張に筆者は賛同します．

　なお朝鮮語をあらわす文字ハングルは，実際にはつづりと発音が一致しないケースがあるのですが——いわれているほどやさしい文字ではないということです——そのような発音上のルールはこの段階で少しずつ学んでいきます．

■第21課～第35課（3つの文体によるさまざまな表現）

　ここからが後半です．あいさつや自己紹介などからはじまるさまざまな表現を学びます．ここからは会話文となりますが，最初は尊敬形をまじえたフォーマルな話し方から学ぶことにしています．外国人にとってまず必要なものだからです．「自然な」朝鮮語というのは，私たちが外国人として朝鮮語の文法のしくみを把握していく作業の中で少しずつ身につけていくものであって，全体の枠組みを理解していない段階でただ何となく「それらしい」朝鮮語を話す，というのは，本書の目指すところではありません．

　さまざまな表現を習得していく際に必要なのは，用言の形の作り方（語幹と語尾の組み

合わせ）を正確に理解することです．その説明のため，本書は「語基」という考え方を採用しています．「語基」は不規則用言を含む用言全体を簡潔に説明できる合理的な考え方なのですが，とっつきにくいところがあるのも事実です．そのため本書では，ブロック方式により視覚的に理解できるよう工夫をしました．本書の**第19課から第22課，過去形と尊敬形の作り方をきちんと理解することが初級文法のカギ**だと言っても言い過ぎではないでしょう．

第20課までは5課ごとにコラムをつけました．読めばおおよそのことは理解できると思います．第21課以降は課ごとに作文練習を設け，5課ごとにまとめて載せました．作文ができるということは会話の潜在能力があるということです．書くかわりに口に出して言えばよいのですから．そのためにも作文練習は重要です．解答は音声データに録音されていますので，問題を解き終わったら聞いて確かめてみましょう．正解を知ろうと思えばくり返し聞くことになりますから，リスニングの練習にもなるでしょう．

本書では日本語の「ですます形」にあたる文体を2つ学ぶのですが，上記のとおり「ハムニダ体」と呼ばれるフォーマルな文体にある程度慣れてから，もう1つの「ヘヨ体」に移行する方針を採っています．学習の初期からこの2つを同時に教える教科書もありますが，学習者にとって望ましいこととは思いません．「ヘヨ体」は用言の形の作り方に慣れていないとむつかしく，日本語で1つのものが2とおりにあらわされることで記憶に負担がかかり，両方を覚えたとしても実質的に「2とおりのことが言えるようになった」という実感にはつながらないことなどが理由です．

「ヘヨ体」を作るために必要な知識は「過去形」のためのそれにきわめて近いのですから，同じ労力を費やすのであれば，「ハムニダ体」と「ヘヨ体」を知っているが「現在形」しか使えないよりも，「ハムニダ体」だけしか知らないが「現在形」と「過去形」が使えるという方が「覚えで」があるというものでしょう．最小の労力で最大の効果を発揮させるために，用言の形の作り方に慣れる段階では「ハムニダ体」で通したほうがよい，筆者はそのように考えています．ただし「ヘヨ体」が日常的によく用いられる文体であるのは事実ですから，「ヘヨ体」をひとおとり学んだ後はその前の課に戻って「ハムニダ体」を「ヘヨ体」に読み替える練習をするとよいでしょう．筆者が本務校の授業で1年次の締めくくりの時期に行なっていることです．

授業の進度については，週2回の授業の場合，参考まで申し上げると本務校では前期に第22課まで進み，実際にはだいたい第19課から2回の授業で1課を終えるペースとしています．もちろん事情によってはもっとゆっくり進んでもかまいません．適宜調整してください．また練習問題やスキットを小テストの材料として大いに活用してください．

■ 新出単語の品詞分類 ■

[名] 名詞　　　[代] 代名詞　　　[数] 数詞　　　[連] 連体詞

[動] 動詞　　　[形] 形容詞　　　[存] 存在詞　　　[指] 指定詞

[助] 助詞　　　[副] 副詞　　　[間] 間投詞　　　[接] 接続詞

[尾] 接尾辞

第1課　基本母音字

❶母音字（ア行音）

　朝鮮の文字を**ハングル**と呼びます．ハングルはローマ字と同じように**母音**をあらわす文字（＝**母音字**）と**子音**をあらわす文字（＝**子音字**）からできています．

　　《**参考**》ローマ字で日本語を表記したときのA，I，U，E，Oが母音，それ以外のK，S，
　　T，Nなどが子音だととりあえず考えてください．

　まず母音字から学びましょう．縦棒丨と横棒ーがもとになる形です．丨からは短い横棒が左右どちらかについた ト と ㅓ が作られ，ーからは短い縦棒が上下どちらかについた ㅗ と ㅜ が作られます．これら6つの文字はそれぞれ次のような音に対応しています．「ア，イ，ウ，エ，オ」の順序でみていきましょう．

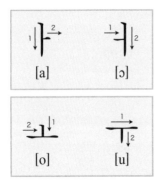

　　「ア」にあたるのが ト，「イ」にあたるのが 丨 です．ト は**口を大きくあけて**はっきり発音します．
　　「ウ」には ㅜ と ー の2つがあり，ㅜ は**口を思いきりすぼめて**発音します．ー は**口を横に引いて**，つまり 丨 と同じ口の形で「ウ」を発音します．なお「エ」は後ほど学びます．

　ㅗ は ㅜ と同じ口の形で「オ」を発音します．ㅓ は ト と同じ口の形で「オ」を発音します．文字の形と口の形は次のように対応しています．

縦棒の左右に短い横棒	ト，ㅓ	口を大きくあけて発音
横棒の上下に短い縦棒	ㅗ，ㅜ	口を思いきりすぼめて発音
縦棒または横棒のみ	丨，ー	口を横に引いて発音

　2つの「ウ」と2つの「オ」は**朝鮮人（朝鮮語ネイティブスピーカーの意味で用います）**

にはそれぞれ別々の音と認識されているので，区別できるようによく練習しましょう．

《参考》日本語（東京方言）の「オ，ウ」は朝鮮人には ㅗ，ㅜ よりも ㅓ，ㅡ に近く聞こえます．ㅗ，ㅜ を発音するとき，口をすぼめることを忘れないようにしましょう．また ㅗ と ㅜ は口の前の方から，ㅓ は口の後ろの方から声を出すつもりで発音すると近い音が出ます．

❷ 母音字（ヤ行音）

ㅏ，ㅓ，ㅗ，ㅜ の短い横棒，短い縦棒を2本にした ㅑ，ㅕ，ㅛ，ㅠ という文字があります．これらは日本語のヤ行音にあたる音をあらわします．

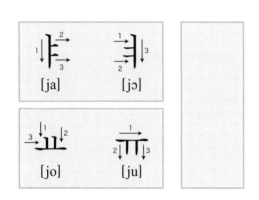

ㅑ は「ヤ」を，ㅏ と同じように口を大きくあけて発音します．

ㅠ は「ユ」ですが，ㅜ と同じく口を思いきりすぼめて発音します．

ㅛ は ㅗ と同じ口の形で，ㅕ は ㅓ と同じ口の形でそれぞれ「ヨ」を発音します．短い棒を2本にすることで，ローマ字で表記した日本語のヤ行音の Y をあらわすしくみです．ただし，もともと短い棒のない ㅡ と ㅣ にはヤ行音にあたる文字がありません．

《参考》「ヤ，ユ，ヨ」は音の性質そのものからは純粋な母音とはいえませんが，ハングルという文字の構造上は母音字であらわされます．

2つの「ヨ」はやはり**朝鮮人にはそれぞれ別の音と認識されている**ので，区別できるようよく練習しましょう．なお ㅡ には対応するヤ行音がないので，「ユ」は1つしかありません．

ハングルの筆順は漢字やカタカナに準じます．つまり上から下，左から右に書くのが基本です．本書の字体を参考にして練習しましょう．

《参考》母音字の縦棒上端の斜めの飾りは，習字として書くのでないかぎり不要です．また「ア」にあたる ㅏ の横棒はカタカナの「ト」とは異なり水平に書きます．

　母音字は次のような順序で並べます．朝鮮語では日本語とは異なり，ヤ行音をア行音に含めてあらわします（以下あわせてア行音と呼びます）．この順序は辞書の配列などに用いられますので，かならず覚えてください．ふつう2つずつまとめて「アヤ，オヨ…」のように読みます．これら10個の母音字を**基本母音字**といいます．

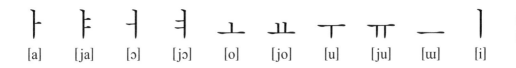

[a]	[ja]	[ɔ]	[jɔ]	[o]	[jo]	[u]	[ju]	[ɯ]	[i]

　《参考》基本母音字の配列順序には一定の法則があることに注目しましょう．口を大きくあけるもの（ㅏ，ㅑ，ㅓ，ㅕ），口を思いきりすぼめるもの（ㅗ，ㅛ，ㅜ，ㅠ），口を横に引くもの（ー，ㅣ）のように，口の形が同じ音どうしがグループになって並んでいます．

■**練習1**■　基本母音字を順序どおりに発音し，また書いてみましょう．

＊＊＊　朝鮮語を学ぶにあたって　＊＊＊＊＊＊＊＊＊＊＊＊＊＊＊＊＊＊＊＊＊

◆ **朝鮮語の用いられる地域**

　朝鮮語は南北朝鮮，つまり大韓民国（韓国）と朝鮮民主主義人民共和国（北朝鮮）の2カ国で国語として用いられている言語です．ほかにも歴史的な経緯から，中国，日本，アメリカ合衆国，旧ソビエト連邦などで少数言語の1つとして朝鮮語が用いられています．全世界の朝鮮語ネイティブスピーカー（母語話者）人口は7500万人を超すものといわれています．

　イギリスの英語とアメリカの英語が，細かくみればつづりや発音，言いまわしに違いがあるように，韓国と北朝鮮（それ以外の地域はひとまずおいておきましょう）のことばにもそのような違いがみられます．しかしイギリスとアメリカのことばが一括して「英語」であるのと同じく，韓国と北朝鮮でのことばの違いは「方言」以上のものではありません．特に南北朝鮮の標準語どうしの違いはその制定の経緯もあってそれほど大きくありません．

　韓国と北朝鮮のことばがそれぞれ「正しい」ことばであることは言うまでもありませんが，本書では実用性を考え，ソウル方言をもとにした韓国のことばを学びます．

◆ **朝鮮語という名称**

　本書では，韓国と北朝鮮が位置する朝鮮半島で共通に用いられる言語，という意味から「朝鮮語」の名称を用いています．これは「韓国語」などその他の名称を否定するものではありません．ただし朝鮮半島，朝鮮民族，南北朝鮮，朝鮮統一などからもわかるとおり，**「朝鮮」**は<u>日本語では韓国と北朝鮮を包括する名称</u>で，決して半島北部のみを指すものではありません

（朝鮮民主主義人民共和国を「北朝鮮」と呼ぶのは半島全体が「朝鮮」であるという前提にもとづくものです）．**日本語での名称は日本語の言語習慣に合わせるべき**だと考えるのです．

同じ理由から，本書では発音の説明などに関して朝鮮語のネイティブスピーカーを上記のとおり便宜上「朝鮮人」と呼んでいます．国籍などとは関係のない，単に言語上の基準による「朝鮮語を母語として話す人々」だと考えていただければけっこうです．「日本人」も同じように「日本語を母語として話す人々」という意味で用いています．

繰り返しますが，「朝鮮語」という名称は朝鮮半島全体に1つの言語が用いられているという前提にもとづくものです．「朝鮮語」と「韓国語」は2つの異なる言語を指すのではなく，たとえば「スペイン語」と「イスパニア語」のように同一の言語を指す名称が複数存在するというだけのことです．決して**＜韓国語＞は韓国のことばで，それと区別して北朝鮮のことばのみを＜朝鮮語＞という**」のではありません!!ついでながら「ハングル」は文字の名前であって言語の名前ではないということも確認しておきましょう．

◆ **ハングルの成り立ち**

ハングルの特色の1つは人為的に作られた文字だということです．もちろん文字はすべて人が作ったものですが，ハングルはいつ誰が作ったということがわかっているという点が特殊です．1446年に李氏朝鮮第4代の国王である世宗（せいそう／セジョン）と周囲の学者たちによって『訓民正音』という名で公布されました．人為的に文字を作るという試みは他にもありましたが，それが現代の独立国家の公用語の文字として用いられている例は珍しいでしょう．

世宗の肖像（韓国の1万ウォン札）

ハングルという呼び名は比較的新しいもので，李氏朝鮮末期の著名な朝鮮語学者である周時経（しゅう・じけい／チュ・シギョン）の命名によるものとされています．「ハン」は「韓」のことで，「クル」とは「文字」や「文」を意味しますから（クルがグルと濁ることについては追って学びます），ハングルとは結局「韓の文字」を意味することになります．そのため北朝鮮ではこの名称を好まず，現在では「チョソングル」（直訳すると「朝鮮の文字」）と呼んでいます．

『訓民正音』諺解本（1572年）

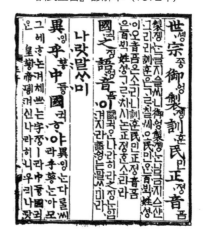

第**2**課　子音字・その1

❶ 子音字（マ行音，ナ行音，ラ行音）

　次に日本語のマ行音，ナ行音，ラ行音にあたる音をあらわす方法を学びます.

　ㅁが「マ」の子音，ㄴが「ナ」の子音，ㄹが「ラ」の子音をあらわします．それぞれ日本語をローマ字で書いたときのM，N，Rに相当します.

　母音字と組み合わせてみます．ローマ字のしくみが理解できればどのような音になるかわかるでしょう．ただし，**子音字と母音字を並べて1つの文字として書く**点が，ローマ字とは異なるハングルの大きな特徴です.

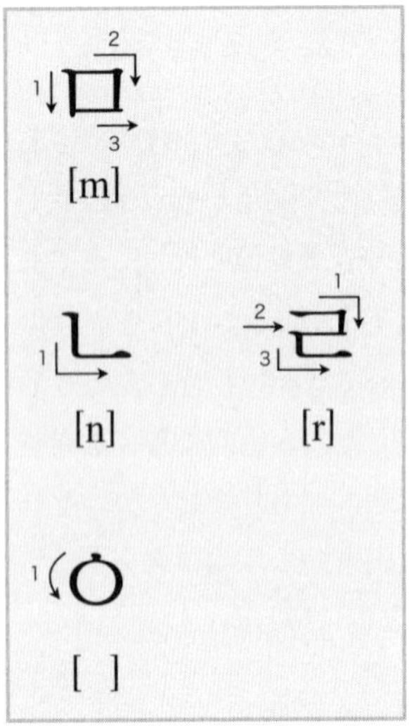

$$ㅁ + ㅏ = 마$$
$$[m] \quad [a] \quad [ma]$$

$$ㄴ + ㅜ = 누$$
$$[n] \quad [u] \quad [nu]$$

$$ㄹ + ㅛ = 료$$
$$[r] \quad [jo] \quad [rjo]$$

　縦棒からできた母音字は子音字の右に，横棒からできた母音字は子音字の下に書きます．全体の字形が正方形に近くなるようにするためです．漢字と混ぜて書いたときのバランスを考えてのことでしょう.

　母音字と子音字を組み合わせて文字を作ってみましょう．文字全体の形に注意して実際に書いてみてください.

마　먀　머　며　모　묘　무　뮤　므　미

[ma]　[mja]　[mɔ]　[mjɔ]　[mo]　[mjo]　[mu]　[mju]　[mɯ]　[mi]

02 01

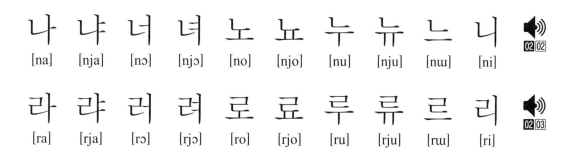

《参考》子音字と母音字を左右に並べる場合，ㄴ，ㄹ の最後の横の画は右上がりになるように書くのがふつうです．上の字体を参考にしてください．またㄹは漢字の「己」とは異なり最後の画をはねないことにも気をつけましょう．

ハングルは，子音と母音を区別して表記する点ではローマ字と同じですが，1つの文字の中に子音と母音が含まれている点はカナ文字と同じです．ハングルはローマ字とカナ文字の中間的な性格をもっています．

❷ 子音字（ア行音）

ハングルは「子音字＋母音字」で1つの文字を構成するようにできていて，ㅏやㅗだけでは「文字」にならないので，子音のない文字（ア行音）は子音がないという記号 ㅇ を子音字の位置に書きます．ㅇ も便宜上子音字に含めます．

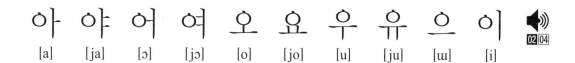

《参考》第1課では便宜上子音字と母音字を「文字」と呼びましたが〔▶p.12〕，厳密には子音字と母音字は文字を構成するパーツです．たとえていえば漢字の部首のようなものです．
　なお子音字として ㅇ を書く考え方はコンピューターなどの日付表記（080401のようにケタを揃えるために空きの部分にゼロを書く）に似ています．また ㅇ の上の点は活字のデザイン上のものなので，手書きの場合はいちいち書く必要はありません．印刷字体の場合でもゴチック体ではふつう上の点がありません〔ゴチック体：**아야어여오요우유으이**〕．

これまでに学んだ文字からなる単語を声に出して読んでみましょう．できるだけ**カナをふるのは避けましょう**．文字を覚える妨げになります．ハングルのみを見て読むように努力しましょう．

㋐ 나라	[名] 国
㋑ 누나	[名] 姉〔弟から見て〕
㋒ 나무	[名] 木
㋓ 우리	[代] 私たち，私たちの
㋔ 아이	[名] 子ども
㋕ 어머니	[名] 母，お母さん
㋖ 나이	[名] 年 (とし)，年齢
㋗ 요리	[名] 料理【料理】
㋘ 우유	[名] 牛乳【牛乳】
㋙ 아니요	[間] いいえ

《参考》日本語の単語は，和語（訓読みのことば）と漢語（音読みのことば），そして外来語の３種類にふつう区別されます．朝鮮語の単語にも同じ区別があり，和語にあたるものを**固有語**，漢語にあたるものを**漢字語**と呼びます．

　朝鮮の漢字は日本のそれとは異なり，原則として音読みしかありません．音読みのことば，つまり漢字語は漢字で表記することも可能です．その場合の漢字の表記を（便宜上日本式字体で）日本語訳の右側に【　　】に入れて示しました．日本語のいわゆる重箱読みのように漢字要素とそれ以外の要素が混在する単語は漢字要素以外の箇所を「・」で示してあります．

❸ 初声字，中声字，終声字

　ハングルには上で学んだ「子音字＋母音字」からなるもの以外に，その後ろにさらに子音字が加わって「子音字＋母音字＋子音字」となるものがあります．最後の子音字はつねに「子音字＋母音字」の下に書きます．最初の子音を**初声**，母音を**中声**，最後の子音を**終声**といい，最初の子音字を**初声字**，母音字を**中声字**，最後の子音字を**終声字**といいます．

　《参考》子音と子音字，初声と初声字など，音とそれを示す文字（厳密には文字を構成するパーツ）は区別して呼ぶことにしますが，学習上は今のところ気にする必要ありません．なお本書では，文字（のパーツ）ではなく音であることを明確に示す必要がある場合はハングルを/　/のように斜線で囲んで表記することにしています．この表記は第３課以降で用います．

ㅁ を母音をつけず子音だけで発音してみます．ハミングの要領で唇を閉じて鼻から息を出せばよいのです．それができたら「中声＋終声」で発音してみましょう．

암 얌 엄 염 옴 욤 움 윰 음 임
[am] [jam] [ɔm] [jɔm] [om] [jom] [um] [jum] [ɯm] [im]

ㄹ は終声では初声と異なり [l] で発音します．舌先を上の歯茎の裏，あるいはその後ろあたりにつけて「ウ」を発音すると近い音がでます．まず子音だけを発音して，それができたら「中声＋終声」でも発音してみます．

알 얄 얼 열 올 욜 울 율 을 일
[al] [jal] [ɔl] [jɔl] [ol] [jol] [ul] [jul] [ɯl] [il]

これらの文字の初声字 ○ を ㅁ，ㄴ，ㄹ に替えると 맘얌〜，남냠〜，람럄〜や 말먈〜，날냘〜，랄랼〜のような文字を作ることができます．あわせて発音してみましょう．

サ	날	[名]	日 (ひ)
シ	일	[名]	事，仕事，用事
ス	이름	[名]	名前
セ	말	[名]	ことば
ソ	오늘	[名]	今日 (きょう)
タ	여름	[名]	夏
チ	물	[名]	水
ツ	얼마	[数]	いくら

■**練習1**■　次の単語を朝鮮語で書いてみましょう．

① 私たち　②国　　　③ことば　　④名前　　　⑤年齢
⑥母　　　⑦姉　　　⑧子ども　　⑨今日　　　⑩日
⑪事，仕事　⑫牛乳　　⑬料理　　　⑭いくら　　⑮いいえ

第3課 子音字・その2

❶ 3つの「ン」

第2課で学んだ4つの子音字 ㅁ，ㄴ，ㄹ，ㅇ はすべて終声をあらわすのにも用いられます．今回は残りの ㄴ と ㅇ について学びましょう．

ㄴ の終声は「ナ」の子音つまり [n] を発音すればよいのですが，これは単独で発音した日本語の「ン」とはまったく異なる音です．舌先が上の歯あるいは歯茎についた状態で「ン」を発音します．**「ンナ」と発音するつもりで「ン」だけを発音する**（「ナ」の直前で止める）とこの音になります．舌先が歯あるいは歯茎の裏についているのが確認できます．舌先を上下の歯のすきまに押しつけるぐらいの気持ちで発音するのがよいでしょう．

ㅇ は初声では「子音がない」ことをあらわす記号でしたが，終声では [ŋ] という具体的な音（英語 *song*《歌》の *ng* の音）をあらわします．初声の ㅇ と終声の ㅇ はまったく機能が異なるので，見かけは同じ形をしていますが，実質上別の子音字だと言ってよいほどです．
[ŋ] は**「ンガ」と発音するつもりで「ン」だけを発音する**（「ガ」の直前で止める）とほぼ同じ音が出ます．鼻濁音（東日本の一部の方言にあらわれる鼻にかかったガ行の音）の「ガ」の子音がこの音です．

それでは次の文字を，終声の違いに気をつけて発音してみましょう．前回学んだ ㅁ もあわせて練習してみます．これらはすべて日本語にもあらわれる音です．

암　[am]　「あんみつ，あんパン」と発音するときの「あん」

안　[an]　「あんにんどうふ，あんドーナツ」と発音するときの「あん」

앙　[aŋ]　「あんかけうどん，あんきも」と発音するときの「あん」

日本人はふつう3つの「あん」を同じ音だと認識していますが，朝鮮人には「あんみつ，あんパン」の「あん」，「あんにんどうふ，あんドーナツ」の「あん」，「あんかけうどん，あんきも」の「あん」は別々の音に聞こえます．**ある音とある音が同じものと認識されるかどうかは言語によって異なる**のです．

他の母音の後ろでも区別して発音できるようにしましょう．

안	얀	언	연	온	욘	운	윤	은	인
[an]	[jan]	[ɔn]	[jɔn]	[on]	[jon]	[un]	[jun]	[ɯn]	[in]

03 02

앙	양	엉	영	옹	용	웅	융	응	잉
[aŋ]	[jaŋ]	[ɔŋ]	[jɔŋ]	[oŋ]	[joŋ]	[uŋ]	[juŋ]	[ɯŋ]	[iŋ]

03 03

これらの文字の初声字 ○ を ㅁ，ㄴ，ㄹ に替えると만
만～，난난～，란란～や망먕～，냥냥～，랑량～のよ
うな文字を作ることができます．あわせて発音してみま
しょう．また ㅁ，ㄴ，ㄹ，○ の初声と終声での音の違い
も確認しておきましょう〔▶p.16–17, p.19〕．

これまでに学んだ10個の基本母音字と4つの子音字か
ら，200文字を作ることができるようになりました．

ㅁ
[m]

ㄴ
[n]

ㄹ
[l]

○
[ŋ]

㋐	눈	[名] 雪
㋑	라면	[名]（インスタント）ラーメン【・麺】
㋒	언니	[名] 姉〔妹から見て〕
㋓	양말 ×/얌말/	[名] 靴下【洋襪】

03 04

《参考》 ㋓の양말を日本語式に「ヤンマル」と発音すると朝鮮人には×で示した/얌말/の
ように聞こえてしまいます（望ましくない発音を×で示すことにします）．そうならないよう
に，ゆっくりでかまいませんから特に1文字目の終声を正確に発音するよう心がけましょう．
　なお/얌말/のような斜線で囲んだハングル表記はこれがつづりではなく音であることを示し
ています（もっとも /얌말/ は望ましくない発音の例ですが）〔▶p.18〕．

❷ 子音字 (サ行音, ハ行音)

次にサ行音とハ行音をあらわす子音字を追加します.

ㅅ は「サ」の子音と同じように発音すればけっこうです. ただし 시 は英語 *sea*《海》のような「スィ」ではなく, 日本語と同じように「シ」と発音してください.

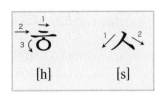

ㅎ は「ハ」の子音と同じように発音すればよいのですが, 후, ㅎ を日本語の「フ」のように両唇がこすれるように発音してはいけません. のどの奥からのどがこすれるように息を出して発音します.

《参考》 ㅅ は漢字の「人」とは異なり, 最後の画をはらいません. また子音字 ㅎ の ○ の点もやはり手書きの場合は書かないでください. この場合もゴチック体ではふつう ○ の点はありません〔ゴチック体: **하햐허혀호효후휴흐히**〕.

ㅋ	사람	[名] 人	
ㅌ	형	[名] 兄【兄】〔弟から見て〕	
ㅌ	손	[名] 手	
ㅍ	우산	[名] 傘【雨傘】	
ㅎ	술	[名] 酒	
ㅁ	서울	[名] ソウル	
ㅂ	뉴스	[名] ニュース	
ㅅ	신문 ×/심문/	[名] 新聞【新聞】	

ㅈ	항상 ×/한상/	[副] いつも【恒常】
ㅊ	인사	[名] あいさつ【人事】
ㅋ	선물 ×/섬물/	[名] プレゼント，贈り物【膳物】
ㅌ	하나	[数] ひとつ
ㅍ	시험	[名] テスト，試験【試験】

3 漢数字（一から五まで）

　朝鮮語も日本語と同じく「いち，に，さん…」と「ひとつ，ふたつ，みっつ…」の2種類の数があります．前者にあたる**漢数字**をまず一から五まで覚えましょう．

　　《**参考**》一方後者にあたる数字を**固有数字**といいます．ㅌの하나《ひとつ》がその例です．

ㅊ	일	[数] 一【一】
ㅌ	이	[数] 二【二】
ㅏ	삼	[数] 三【三】
ㅑ	사	[数] 四【四】
ㅓ	오	[数] 五【五】

03 08

■**練習1**■　次の単語を朝鮮語で書いてみましょう．
①一　　　　②二　　　　③三　　　　④四　　　　⑤五

03 09

■**練習2**■　次の単語を朝鮮語で書いてみましょう．
①木　　　②傘　　　③雪　　　④酒　　　⑤夏
⑥ラーメン　⑦あいさつ　⑧試験　　⑨ソウル　⑩新聞
⑪兄〔弟から見て〕　　⑫姉〔妹から見て〕　　⑬人
⑭プレゼント　　⑮ひとつ

03 10

　　　　　　　＊　＊　＊　＊　＊　＊　＊　＊　＊
　①「木」〔▶p.18〕．　　　　④「夏」〔▶p.19〕．

第4課　子音字・その3

❶ 子音字（カ行音，タ行音，パ行音，チャ行音）

ㄱ，ㄷ，ㅂ，ㅈ はそれぞれ「カ」「タ」「パ」「チャ」の子音をあらわします．日本語よりやわらかく，息が強く出ないように発音します．

　これらの子音は**前の文字に続けて発音されると濁音に変わる**という特徴があります．つまりひとつの文字が日本語の清音と濁音の両方に用いられるわけです（ただし ㅂ は半濁音と濁音の関係にあることに注意してください）．

「カ」の子音	☞	「ガ」の子音
「タ」の子音	☞	「ダ」の子音
「パ」の子音	☞	「バ」の子音
「チャ」の子音	☞	「ヂャ」の子音

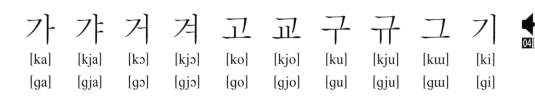

가	갸	거	겨	고	교	구	규	그	기
[ka]	[kja]	[kɔ]	[kjɔ]	[ko]	[kjo]	[ku]	[kju]	[kɯ]	[ki]
[ga]	[gja]	[gɔ]	[gjɔ]	[go]	[gjo]	[gu]	[gju]	[gɯ]	[gi]

《**参考**》ㄱ を左側に書くときはカタカナの「フ」のように書きます．

　1文字ずつ区切って読むと「カ，キャ，コ，キョ」と発音される 가，갸，거，겨 が2文字ずつまとめて読むと「カギャ，コギョ」のように2文字目が濁音で発音されます．重要なのは，**朝鮮人には清音（あるいは半濁音）と濁音が同一の音と認識されていて，無意識のうちに濁る**ということです．

　《**参考**》このことは，「あんみつ，あんパン」「あんにんどうふ，あんドーナツ」「あんかけうどん，あんきも」の「あん」が音声上は異なる音なのに，日本人は無意識に使い分けているだけでその違いを認識していない〔▶p.20〕のと同じことです．

04 02

㋐ 교실	[名] 教室【教室】
㋑ 건물 ×/검물/	[名] 建物【建物】
㋒ 시간	[名] 時間【時間】
㋓ 여기	[代] ここ
㋔ 거기	[代] そこ
㋕ 고기	[名] 肉
㋖ 가을	[名] 秋
㋗ 겨울	[名] 冬
㋘ 누구	[代] だれ，だれの
㋙ 한글 ×/항글/	[名] ハングル

　ㄷは日本語のタ行音／ダ行音と一部でずれがあります．두，드の発音は**「ツ／ヅ」ではなく「トゥ／ドゥ」**であること，디の発音は**「チ／ヂ」ではなく「ティ／ディ」**であることに気をつけてください．

다	댜	더	뎌	도	됴	두	듀	드	디
[ta]	[tja]	[tɔ]	[tjɔ]	[to]	[tjo]	[tu]	[tju]	[tɯ]	[ti]
[da]	[dja]	[dɔ]	[djɔ]	[do]	[djo]	[du]	[dju]	[dɯ]	[di]

04 03

04 04

㋚ 돈	[名] お金
㋛ 다음	[名] 次
㋜ 운동	[名] 運動，スポーツ【運動】
㋝ 구두	[名] 靴
㋞ 어디	[代] どこ
㋟ 라디오	[名] ラジオ

ㅂ は「パ／バ」の子音です．日本語に惑わされて「ハ／バ」だと考えてはいけません．純粋に音の性質からみると「カ／ガ」や「タ／ダ」に対応するのは「パ／バ」です．言い換えると**「バ」の濁らない音は「ハ」ではなく「パ」**なのです．

바	뱌	버	벼	보	뵤	부	뷰	브	비
[pa]	[pja]	[pɔ]	[pjɔ]	[po]	[pjo]	[pu]	[pju]	[pɯ]	[pi]
[ba]	[bja]	[bɔ]	[bjɔ]	[bo]	[bjo]	[bu]	[bju]	[bɯ]	[bi]

ㅋ	비	[名] 雨
ㅍ	봄	[名] 春
ㅌ	밤	[名] 夜
ㅏ	반	[名] クラス，組【班】
ㅑ	방	[名] 部屋【房】
ㅣ	공부 ×/곰부/	[名] 勉強【工夫】
ㅈ	일본	[名] 日本【日本】
ㅊ	버스	[名] バス
ㅅ	가방	[名] かばん
ㅆ	불고기	[名] 焼肉，プルコギ

자 は「チャ」（２文字目以降では「ヂャ」）と発音されます．それでは 쟈 はどうでしょうか？実は 자 と同じです．저 と 져，조 と 죠，주 と 쥬 はいずれも同じ音です．母音字の短い棒が１本でも２本でも音は変わりません．どちらを使うかは単語によって決まっていますが，２本棒の 쟈，쥬 は実際にはまず使いませんし，져，죠 も用言の限られた形にのみあらわれます．今のところは１本棒の方を使えば間違いありません．

자	쟈	저	져	조	죠	주	쥬	즈	지
[tʃa]	[tʃa]	[tʃɔ]	[tʃɔ]	[tʃo]	[tʃo]	[tʃu]	[tʃu]	[tʃɯ]	[tʃi]
[dʒa]	[dʒa]	[dʒɔ]	[dʒɔ]	[dʒo]	[dʒo]	[dʒu]	[dʒu]	[dʒɯ]	[dʒi]

《**参考**》印刷字体では本書を含めこの子音字が ㅈ と書かれることがありますが，手書きではカタカナの「ス」のように書くのがふつうです．

ㅂ	저	[代] 私，自分
ㄱ	저기	[代] あそこ
ㅅ	자리	[名] 席
ㅎ	바지	[名] ズボン
ㅁ	지금	[名] 今【只今】
ㅌ	점심 ×/전심/	[名] 昼ごはん【点心】
ㅍ	준비 ×/줌비/	[名] 準備【準備】
ㅈ	전공 ×/정공/	[名] 専攻【専攻】
ㅌ	질문	[名] 質問【質問】
ㅑ	사전	[名] 辞書【辞典】
ㄱ	남자 ×/난자/	[名] 男，男性【男子】
ㅕ	여자	[名] 女，女性【女子】
ㅋ	아버지	[名] 父，お父さん
ㅂ	자전거 ×/자정거/	[名] 自転車【自転車】

《**参考**》「父」を間違えて 아허시 と書く人がいます．「アボジ」の「ボ」は「ホ」の濁音，「ジ」は「シ」の濁音だという発想なのでしょうが，ㅎや ㅅ は「ボ」や「ジ」にはなりえません．朝鮮語の ㅎ，ㅅ は濁らないからです．日本語の清濁と完全に一致するわけではないことに気をつけましょう．

■**練習1**■ 次の単語を朝鮮語で書いてみましょう．

①私	②父	③男	④女	⑤だれ
⑥ズボン	⑦靴	⑧運動	⑨勉強	⑩専攻
⑪辞書	⑫今	⑬時間	⑭昼ごはん	⑮準備
⑯日本	⑰バス	⑱お金	⑲席	⑳自転車

第5課　用言の「ですます形」

私は❷ズボンを❷買います❶.
姉は❷靴を❷買います❶.
　　　　　　　＊　　　＊　　　＊　　　＊
私は❷今勉強しています❶❸.
姉は❷お昼ごはんの❷準備を❷しています❶.

---

❶ 用言の「基本形」と「ですます形」

　用言のうち，本課では**動詞**の基本的な用い方を学びます.

㋐ 하다	[動] する，(歌を)歌う，いう
㋑ 사다	[動] 買う
㋒ 마시다	[動] 飲む
㋓ 보다	[動] 見る，(試験を)受ける
㋔ 기다리다	[動] 待つ
㋕ 만나다	[動] 会う

　日本語には「する」と「します」，「買う」と「買います」のような区別があって，「します」や「買います」のような形を「ですます形」や「ていねい形」と呼んでいますね.「する」や「買う」などが元の形で，辞書にはこれらが見出し語として載っています.

　朝鮮語にも似た区別があります. ㋐～㋕は日本語の「する」や「買う」にあたる形で，これらを**基本形**または**原形**と呼びます. 最後が－다で終わっているのは見てのとおりです.

する　　　　　　　買う　　　　　　　飲む
하 다　　　　　사 다　　　　마시 다

　前ページと本ページ以降に示した白いブロックを**語幹**，灰色のブロックを**語尾**と呼びます．朝鮮語の用言の形はすべて「語幹＋語尾」からできています．これは重要なことですからかならず覚えてください．

　それではこれらの動詞を「ですます形」の**平叙形**，つまり「～ます」にしてみましょう．基本形の語尾 −다 を −ㅂ니다 に取り替えればよいのです．

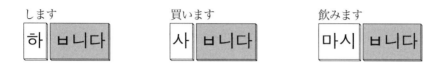

　−ㅂ니다の ㅂ は終声字です．終声字だけでは文字は成り立たないので，以下のように語幹の最後の文字の下に ㅂ を書きます．합니다，삽니다，마십니다のように書くわけです．

　합，삽，마십 など終声字としての ㅂ は次課で学びますが，−ㅂ니다の ㅂ は/ㅁ/で読みます．つづりは 합니다，삽니다，마십니다ですが，発音は/함니다/，/삼니다/，/마심니다/ となるのです（斜線はつづりではなく音であることを示します〔▶p.18〕）．/한니다/のような発音にならないように，/ㅁ/を両唇をしっかり閉じて発音することがたいせつです．

　《**参考**》語尾は基本形の後ろに「くっつける」のではなく，語尾を「取り替える」のです．하답니다のような誤りがしばしば見受けられます．また基本形の語尾 −다 は −ㅂ니다の 다 とは関係ありません．−ㅂ니다はひとかたまりであって，これ以上分けることはできません．

　上では −ㅂ니다が「～ます」にあたるように説明しましたが，実際には「～ています」と訳した方が自然な場合もあります．朝鮮語にも「～ている」，つまりいわゆる進行形にあたる形はありますが，日本語ほど多くは用いません．

■**練習1**■　次の単語の基本形と「ですます形」を朝鮮語で書いてみましょう．　

①見る／見ます　　　　　　　②待つ／待ちます　　　　　　　05 02

③会う／会います　　　　　　④する／します

⑤買う／買います　　　　　　⑥飲む／飲みます

❷ 助詞「〜は，〜を」

　こんどは上で学んだ「ですます形」を用いて，「〜は〜を〜ます」のような簡単な文の作り方を練習しましょう.

　朝鮮語のいわゆる主語，目的語，動詞の並べ方，つまり語順は，さいわいなことに基本的には日本語と同じです. いわゆる「てにをは」，つまり**助詞**の使い方も似ています. ここでは「〜は」にあたる助詞と「〜を」にあたる助詞を学びます.

キ	ー는	[助] 〜は	
ク	ー를	[助] 〜を	05 03

　ー는あるいはー를を，日本語と同じく名詞（など）の後ろにつければ「〜は」あるいは「〜を」という意味をあらわすことができます. 例をいくつか見てみましょう. 上でお話ししたように，述語の部分は文脈によって「〜ます」と「〜ています」の両方の意味になりえます. 例文の日本語訳はあくまでも一例にすぎません.

라디오를 삽니다.	ラジオを買います.	
우유를 마십니다.	牛乳を飲みます.	05 04
어머니를 만납니다.	母に会います.	
시험 준비를 합니다.	テストの準備をします.	
저는 누나를 기다립니다.	私は姉を待っています.	
언니는 지금 뉴스를 봅니다.	姉は今ニュースを見ています.	

　朝鮮語はやはり外国語ですから，助詞の使い方に日本語と異なるところもそれなりにあります. たとえば日本語では「〜に会う」と言いますが，朝鮮語では「〜を会う」のような言い方をします. また「〜の」にあたる助詞は朝鮮語にもありますが，日本語ほどは用いず，名詞を重ねるだけであらわすことが多いです.

　文は英語などと同じように**分かち書き**（＝単語ごとに分けて書く）をします. ただし助詞は前の単語につけて書きます. 平叙文の最後にはやはり英語などと同じくピリオドを打つこととになっています.

❸ 「名詞＋する」からなる動詞

日本語では名詞と「する」とを組み合わせて「勉強する，運動する，アルバイトする」のように数多くの動詞を作ることができますが，朝鮮語하다《する》も同じ機能をもっています．たとえば공부《勉強》を使って공부하다《勉強する》という動詞を作ることができ，全体で1単語扱いになるので공부と하다とはつけて書きます．

ただし「勉強をする」とした場合は「勉強」が「する」の目的語となり「〜を」を挟むので，朝鮮語では공부를 하다のように2つに分けて書くわけです．

■練習2■　次の文を朝鮮語で書いてみましょう．

①あいさつをします．

②自転車をひとつ買います．

③バスを待っています．

④私は今日父に会います．

⑤席を準備します．

⑥私たちは今勉強しています．

　《参考》「〜する」と「〜している」を区別する必要がないこと，「〜に会う」は「〜を会う」であらわすこと，助詞以外の単語は分かち書きすること，そして「〜をする」と「〜する」では分かち書きが異なることなどは上で学んだとおりです．

저는 바지를 삽니다.
누나/언니는 구두를 삽니다.
　　　　　＊　　　＊　　　＊　　　＊
저는 지금 공부합니다.
누나/언니는 점심 준비를 합니다.

コラム : 漢字語と漢字音・その1

❶ 朝鮮語の漢字語

第5課までで学んだ漢字語〔▶p.18〕は次のとおりです．便宜上日本式字体で書くと以下のようになります（単語の一部が音読みであるものは除きます）．

料理，牛乳，洋襪，兄，雨傘，新聞，恒常，人事，膳物，試験，一，二，三，四，五，教室，建物，時間，運動，班，房，工夫，日本，只今，点心，準備，専攻，質問，辞典，男子，女子，自転車

日本語と共通の単語（下線を引いた単語）がかなりあることがわかります．

このことは日本人にとって朝鮮語を学ぶのに非常に有利な条件です．たとえば자전거，운동 という単語を〔自＝자〕〔転＝전〕〔車＝거〕〔運＝운〕〔動＝동〕のようにハングルと漢字を対応させて覚えていれば，**習っていない単語も作ることができる**のです．

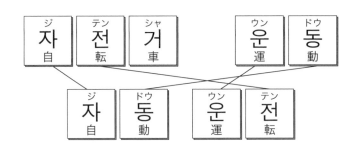

《参考》地球の「自転」などという「自転」はそのまま言えます．ただし〔車＝거〕は特別な読み方で，「自動車」には第7課で学ぶ子音字を含む〔車＝차〕を用います．

上記の漢字語のうち「兄」「雨傘」「建物」などは日本語と共通といえなくもありませんが，朝鮮語では音読みをするのに対し，日本語では「ケイ」「ウサン」「ケンブツ」ではなく「あに」「あまがさ」「たてもの」と訓読みをするところが異なります．

日本語と共通でない朝鮮語の漢字語には，日本語で訓読みが混じるもの，カナ書きがふつうであるものを含めると以下のようなものがあげられます．

洋襪《靴下》，人事《挨拶》，班《組》，房《部屋》，工夫《勉強》，点心《昼食》……

これらの単語を含めると，作り出せる単語の数はさらに広がります．

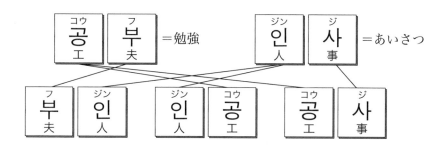

《参考》남자，여자などでも日本語と朝鮮語で意味のずれがみられます．これらは「だんし，じょし」以外に和語「おとこ，おんな」にも対応するからです．日本語の「恒常」が非常に堅苦しい単語であるのに対して朝鮮語の항상が日常的に用いられる単語であるという違いもあります．語源を同じくする単語の意味やニュアンスが複数の言語でずれる現象（例：英語 *mansion*《大邸宅》と日本語「マンション」）を言語学では「偽りの友」といいます．

❷ 日本漢字音と朝鮮漢字音

朝鮮語の漢字と対応するハングル（漢字の読み方）を**朝鮮漢字音**といいます．それに対して日本語式の音読みを**日本漢字音**といいます．漢字はもともと中国のもので，かつて朝鮮，日本，ベトナムでは文字とともにその発音を受け入れたのですから，漢字音が互いに似ているのは当然ともいえます．

次のような日朝両漢字音の対応を知っておくだけでも役に立つでしょう．

Ａ 終声字が ㄹ のものは，「ツ，チ」のどちらかで終わります．
　例：〔一＝일〕〔室＝실〕〔質＝질〕〔日＝일〕〔物＝물〕

Ｂ 終声字が ㅇ のものは，「ウ，イ」のどちらかで終わります．
　例：〔工＝공〕〔攻＝공〕〔恒＝항〕〔常＝상〕〔動＝동〕〔房＝방〕〔洋＝양〕

Ｃ 終声字が ㄴ のものは，「ン」で終わります．
　例：〔運＝운〕〔間＝간〕〔新＝신〕〔人＝인〕〔転＝전〕〔本＝본〕〔問＝문〕

Ｄ 終声字が ㅁ のものも，「ン」で終わります．
　例：〔今＝금〕〔験＝험〕〔三＝삼〕〔心＝심〕〔点＝점〕〔男＝남〕

たとえば「運動」のつづりが운돈，운동，웅돈，웅동のどれか迷ったとしても，上のルールを知っていれば운동が正解であることがわかります．また次課で学ぶ終声字が ㄱ のものは「ク，キ」のどちらかで終わることも知っておくとよいでしょう．

第**6**課　7つの終声

■ 3つの「ッ」

すでに学んだ終声/ㄹ/, /ㅁ/, /ㄴ/, /ㅇ/に続き，ここでは子音字ㅂ, ㄷ, ㄱが終声字として用いられた場合の発音を学びます．これら3つの子音は終声では決して濁りません．

まずㅂから練習してみましょう．たとえば英語 *map*《地図》の *p* は
Ⓐ唇を閉じて息を止め，Ⓑ息で急に唇をこじ開けて息の音を出す，この
2つの段階をへて出る音ですが，Ⓐで止めてしまったのが朝鮮語の終
声/ㅂ/なのです．終声だけでは発音できないので/아/を前に置いて練習
しましょう．**「アップ」と発音するつもりで「アッ」だけを発音する**，
つまり「プ」の直前で止めると /압/ になります．

終声/ㄷ/, /ㄱ/も同じ要領で，つまり息を出す直前で止めればいいの
です．**「アットゥ」と発音するつもりで「アッ」だけを発音する**，つま
り「トゥ」の直前で止めると /앋/ になり，**「アック」と発音するつもり
で「アッ」だけを発音する**，つまり「ク」の直前で止めると /악/ になり
ます．

いずれも**発音する際に息の音をさせない**ことが肝心です．**つまるような音に聞こえるで
しょう．**同じに聞こえるかもしれませんが，あくまでも3つは別々の音です．まずは自分で
3つの別々の音を発音しているという自覚が持てるように練習しましょう．

　　《参考》「ッ」の後ろで間を置いて「アッカッカッカ」と言ってみましょう．ローマ字では
　　ak kak kak ka のようになるでしょう．この *kak* が/각/に該当します．この終声を意識すれば
　　よいのです．同じく「アッタッタッタ」「アッパッパッパ」で/닫/, /밥/を練習できます．

この3つ，特に終声/ㄷ/, /ㄱ/の，中でも聞き取りの区別は日本人には慣れないとむつか
しいですが，日本語にもこの3つの音はあるのです．

압 [ap˺]　「あっぱく（圧迫）」と発音するときの「あっ」

앋 [at˺]　「あっとう（圧倒）」と発音するときの「あっ」

악 [ak˺]　「あっかん（圧巻）」と発音するときの「あっ」

　このことは「あっぱく」の「あっ」，「あっとう」の「あっ」，「あっかん」の「あっ」が朝鮮人には別々の音に聞こえるということを意味します．

　　《参考》終声に関して/ㅂ/は/ㅁ/と同じく両唇が閉じており，/ㄷ/は/ㄴ/と同じく舌先が歯または歯茎についており，/ㄱ/は/ㅇ/と同じく口の奥と舌の奥がついていることから，3つが別々の音であることが確かめられます．**終声/ㅂ/と/ㅁ/，/ㄷ/と/ㄴ/，/ㄱ/と/ㅇ/の唇や舌の位置などがそれぞれ同じ**であることを理解するとこれらを正確に発音できます．なお子音字ㅁは口を閉じた形から，子音字ㄴは舌が歯茎についた形からデザインされたもので，さらに子音字ㅂ，ㄷはそれぞれ子音字ㅁ，ㄴをもとに作られました〔▶p.15〕．

㋐ 밥	[名] ごはん	
㋑ 집	[名] 家	
㋒ 수업	[名] 授業【授業】	
㋓ 곧	[副] すぐ，もうすぐ	
㋔ 약	[名] 薬【薬】	
㋕ 역	[名] 駅【駅】	
㋖ 저녁	[名] 夕方，晩ごはん	
㋗ 음식	[名] 食べもの【飲食】	
㋘ 국	[名] おつゆ，スープ	
㋙ 도시락	[名] 弁当	
㋚ 한국 ×/항국/	[名] 韓国，朝鮮【韓国】	
㋛ 중국	[名] 中国【中国】	
㋜ 미국	[名] アメリカ【美国】	

❷ 7つの終声

子音字 ㅅ，ㅈ，ㅎ は終声字では発音上は /ㄷ/ として扱われます．ㅅ を英語 *this*《これ》の *s* のように，また ㅈ を英語 *church*《教会》の *ch* のように読んではいけません（ㅎ は英語に例がありません）．終声字 ㄷ，ㅅ，ㅈ，ㅎ は**つづりが異なるだけで，発音上は区別がない**のです．ㄷ，ㅅ，ㅈ，ㅎ のどれを書くかは単語によって決まっています．

今までに学んだ子音字の基本的な発音を音声記号で示します．左が初声，右が終声です．

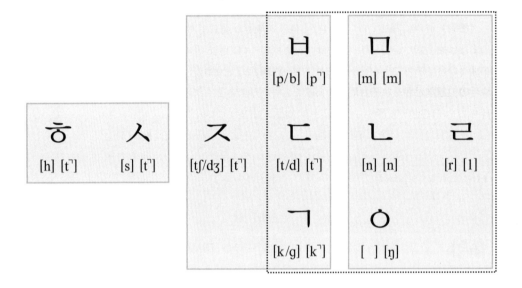

《参考》子音字はいずれも終声字になりえますが，終声は音としては点線で囲んだ７つしかないわけです．ですから場合によっては，**発音は同じでもつづりが異なる単語がある**ことになります．たとえば /낟/ と発音される単語には 낟《粒》のほか 낫《鎌》や 낮《昼》などがあります．これらのつづりの違いには理由があるのですが，今のところはつづりをそのまま覚えてください．**終声を /ㄷ/ で発音する名詞の中では，つづりが ㅅ のものが圧倒的に多い**です．

㉭	옷 /온/	[名] 服
㉱	것 /걷/	[名] もの，の，こと
㉲	무엇 /무언/	[代] 何
㉳	낮 /낟/	[名] 昼

06 03

7つの終声のうち /ㅁ/，/ㄴ/，/ㅇ/，/ㄹ/ の4つは子音だけを長くのばして発音することが

可能です. これらを**ひびく終声**と呼ぶことにします（のどに指を当ててひびくことを確認できます. ちなみに母音はすべてひびく音です）. 一方/ㅂ/, /ㄷ/, /ㄱ/の３つは子音だけで発音することはできません. これらを**つまる終声**と呼ぶことにします.

❸ こそあどことば

　朝鮮語にも日本語と同じくいわゆる「こそあど」の体系があります. 連体詞「この, その, あの, どの」にあたるのが이, 그, 저, 어느で, たとえば이 나라《この国》, 그 사람《その人》のように後ろに名詞を続けて用います. 連体詞と名詞とは分かち書きします.

　代名詞は連体詞と名詞 것《もの》を合わせて作ります. たとえば이것《これ》は「この＋もの」というわけです. 어느 것《どれ》のみ分かち書きするルールになっています.

　第４課で学んだ여기《ここ》など場所をあらわす代名詞もいっしょに覚えましょう.

06 04

㋡ 이	[連] この
㋢ 그	[連] その
㋤ 저	[連] あの
㋕ 어느	[連] どの
㋣ 이것 /이걷/	[代] これ
㋦ 그것 /그걷/	[代] それ
㋨ 저것 /저걷/	[代] あれ
㋲ 어느 것 /어느걷/	[代] どれ

■**練習１**■　次の単語を朝鮮語で書いてみましょう.

06 05

①この弁当　②その服　③あの家　④どの部屋　⑤授業
⑥これ　⑦それ　⑧あれ　⑨どれ　⑩何
⑪ここ　⑫そこ　⑬あそこ　⑭どこ　⑮すぐ
⑯韓国　⑰ごはん　⑱おつゆ　⑲春　⑳夕方
＊　＊　＊　＊　＊　＊　＊　＊　＊　＊
④「部屋」〔▶p.26〕.　⑪⑫⑬⑭「ここ, そこ, あそこ, どこ」〔▶p.25, p.27〕.
⑲「春」〔▶p.26〕.

第7課　激音

❶ 激音字（初声字）

　　ㅋ，ㅌ，ㅍ，ㅊが初声においてあらわす音を**激音**と呼び，その名のとおり/ㄱ/，/ㄷ/，/ㅂ/，/ㅈ/を息が激しく出るように発音します．今まで学んだ激音以外の子音を**平音**といい，ㅋ，ㅌ，ㅍ，ㅊを**激音字**，ㄱ，ㄷ，ㅂ，ㅈを**平音字**と呼びます．

　　《参考》자の子音字がㅈと書かれることがある〔▶p. 27〕のと同じく，차の子音字も上のようにㅊと書かれることがあります．

　　朝鮮人には同じ音だと認識されている [k] と [g] が日本人には意味の違いをになう異なる音とされている（「金」と「銀」）ように，/ㄱ/と/ㅋ/，/ㄷ/と/ㅌ/，/ㅂ/と/ㅍ/，/ㅈ/と/ㅊ/はそれぞれ朝鮮人には意味の区別をもたらす別々の音だと認識されています．

　　まず/ㅋ/から練習してみましょう．「ク」をなるべく母音をつけずに子音だけ発音してみます．英語 book《本》の k のように息を強く破裂させて発音してみましょう．のどで息ががこすれるような音になります．手のひらを口元にかざしてこの音を出すと，息が手のひらにかかるのが感じられるでしょう．この子音が激音の/ㅋ/です．

　　次にこの「ク」をささやき声で，息を強く出し，長くのばして発音してみましょう（のどに指をあてて発音し，のどが震えなければささやき声です）．それができたら今度はささやき声ではない母音/ㅜ/を加えた「ク」の音を，やはり息が強く出るように発音してみます．息が手のひらに強く感じられればそれが/쿠/の音です．口元に手のひらをかざして，平音と激音を区別して発音できるように，またいろいろな母音と組み合わせて練習しましょう．

　　《参考》日本語の「カ」は/가/よりやや息が強く出るので朝鮮人には激音に聞こえてしまうことがあります．/가/は日本語の「カ」よりやや息を抑えめに，ソフトに発音するように心がけるのがよいでしょう．「カカ」を，1文字目を息を抑え気味に，2文字目を息を強く，そして「低高」のアクセントで発音すると/가카/となり，/카/のみを単独で練習するより激音が出しやすいようです．/가/と/카/の区別をする練習にもなります．試してみてください．

　基本母音字と組み合わせて発音してみましょう．２つずつ読んでも「カギャ，コギョ」にはならず「カキャ，コキョ」です．**激音は決して濁らない**ことに気をつけてください．

카	카	커	켜	코	쿄	쿠	큐	크	키	
[kʰa]	[kʰja]	[kʰɔ]	[kʰjɔ]	[kʰo]	[kʰjo]	[kʰu]	[kʰju]	[kʰɯ]	[kʰi]	

　こんどは/ㅌ/，/ㅍ/，/ㅊ/を練習しましょう．いずれも「トゥ，プ，チュ」を子音だけ発音できれば，次に「トゥ，プ，チュ」をささやき声で，息が強く出るように発音してみます．そのあとささやき声でなく母音/ㅜ/を加えた「トゥ，プ，チュ」が，手のひらを口元にかざして息が強くかかるように出ていれば，それが/투/，/푸/，/추/です．

> 《参考》これらの子音も前ページの「カカ」と同じく「平音＋激音」を続けて「タタ」「パパ」「チャチャ」のように発音すると練習しやすいようです．
> 　티が「ティ」であること，투，트が「トゥ」であることは平音字ㄷを含む디，두，드の場合と同じです〔▶p.25〕．激音字ㅊと組み合わせる母音字の短い棒が１本でも２本でも音が変わらないのもやはり平音字ㅈの場合と同じです〔▶p.26〕．

타	탸	터	텨	토	툐	투	튜	트	티
[tʰa]	[tʰja]	[tʰɔ]	[tʰjɔ]	[tʰo]	[tʰjo]	[tʰu]	[tʰju]	[tʰɯ]	[tʰi]

파	퍄	퍼	펴	포	표	푸	퓨	프	피
[pʰa]	[pʰja]	[pʰɔ]	[pʰjɔ]	[pʰo]	[pʰjo]	[pʰu]	[pʰju]	[pʰɯ]	[pʰi]

차	챠	처	쳐	초	쵸	추	츄	츠	치
[tʃʰa]	[tʃʰa]	[tʃʰɔ]	[tʃʰɔ]	[tʃʰo]	[tʃʰo]	[tʃʰu]	[tʃʰu]	[tʃʰɯ]	[tʃʰi]

㉐ 치마	[名] スカート
㉑ 전철	[名] 電車【電鉄】
㉒ 지하철	[名] 地下鉄【地下鉄】
㉓ 표	[名] きっぷ，チケット【票】

ㅓ 아침	[名] 朝，朝ごはん
ㅏ 김치	[名] キムチ
ㅣ 커피	[名] コーヒー
ㅗ 홍차 ×/혼차/	[名] 紅茶【紅茶】
ㅌ 반찬	[名] おかず【飯饌】
ㅋ 친구 ×/칭구/	[名] 友だち【親旧】
ㅂ 편지	[名] 手紙【便紙】
ㅅ 연필 ×/염필/	[名] 鉛筆【鉛筆】
ㅈ 처음	[名] はじめ，はじめて

❷ 激音化・その1【発音変化】

　激音の特徴である強い息は/ㅎ/と同じものです．言い換えると平音に/ㅎ/の性質を加えたものが激音になります．これを数式のように書けば/ㅂ/+/ㅎ/=/ㅍ/，/ㄷ/+/ㅎ/=/ㅌ/，/ㄱ/+/ㅎ/=/ㅋ/となります．この性質から，つまる終声/ㅂ/，/ㄷ/，/ㄱ/〔▶p.37〕の次に/ㅎ/が続くと両者が合わさって激音で発音されます．これを**激音化**といいます．

| ㅌ 입학 /이팍/ | [名] 入学【入学】 |
| ㅍ 축하 /추카/ | [名] お祝い，祝賀【祝賀】 |

07 06

　　《参考》たとえば「入学」や「祝賀」を/이팍/，/추카/という発音どおりに書かずにわざわざ입학，축하と書くのは，漢字の読み方を1文字ずつハングルで表記する（入=입，学=학，祝=축，賀=하）という朝鮮語のつづり方の方針のためです．

❸ 激音字（終声字）

　終声の位置では**激音字は平音字と同じ音**をあらわします．つまりつづりがㅋ，ㅌ，ㅍ，ㅊであってもそれぞれ/ㄱ/，/ㄷ/，/ㅂ/，/ㅈ/と発音することになります．

ㅌ	앞 /압/	[名] 前
ㅋ	옆 /엽/	[名] 横, となり
ㅍ	몇 /면/	[数] いくつ

《参考》ㅊは上の決まりによって /ㅈ/ で発音されるはずですが, 終声字 ㅈ は発音上は /ㄷ/ ですから〔▶p.36〕, 結局終声字 ㅊ は ㅌ と同じく /ㄷ/ で発音されます.

❹ 漢数字（六から十まで）

第3課に続き, こんどは漢数字を六から十まで示します. 七と八は初声が激音です.

ㅌ	육	[数] 六【六】
ㅏ	칠	[数] 七【七】
ㅕ	팔	[数] 八【八】
ㅣ	구	[数] 九【九】
ㅗ	십	[数] 十【十】

■練習1■ 次の単語を朝鮮語で書いてみましょう.

① 一　② 二　③ 三　④ 四　⑤ 五　⑥ 六　⑦ 七　⑧ 八　⑨ 九　⑩ 十

■練習2■ 次の単語あるいは文を朝鮮語で書いてみましょう.

① 食べもの　② おかず　③ 前　④ 横　⑤ いくつ
⑥ 朝　⑦ 紅茶　⑧ 地下鉄　⑨ 建物　⑩ 教室
⑪ コーヒー牛乳を飲みます.　⑫ 電車のきっぷを買います.
⑬ 入学おめでとうございます.　⑭ 次の手紙を待っています.
⑮ クラスの友だちにはじめて会います.

　　　　　＊　＊　＊　＊　＊　＊　＊　＊　＊
① 「食べもの」〔▶p.35〕.　　⑨ 「建物」〔▶p.25〕.　　⑩ 「教室」〔▶p.25〕.
⑬ 「おめでとうございます」は「お祝い」と「する」を合わせてあらわします〔▶p.31〕.
⑭ 「次」〔▶p.25〕.　　　　⑮ 「クラス」〔▶p.26〕.

第8課　合成母音字

❶ 母音字（エとイェ）

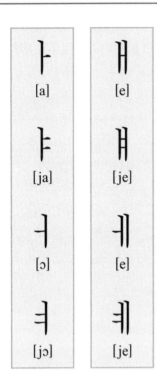

<table>
<tr><td>ㅏ
[a]</td><td>ㅐ
[e]</td></tr>
<tr><td>ㅑ
[ja]</td><td>ㅒ
[je]</td></tr>
<tr><td>ㅓ
[ɔ]</td><td>ㅔ
[e]</td></tr>
<tr><td>ㅕ
[jɔ]</td><td>ㅖ
[je]</td></tr>
</table>

　以前学んだ基本母音字〔▶p.14〕のうち，縦棒から作られたㅏ，ㅑ，ㅓ，ㅕのそれぞれ右側にㅣを加えた母音字があります．基本母音字を組み合わせたこのような母音字を**合成母音字**といいます．

　ㅏとㅣをひとまとめに書くとㅐになります．ㅓとㅣをひとまとめに書くとㅔになります．これらはいずれも日本語の「エ」の音をあらわします（かつてはㅐはㅔよりも口を広くあけて発音しました．つづりは単語によって決まっています）．

　横棒が2本のㅒとㅖは「イェ」をあらわします．

　これで「ア，イ，ウ，エ，オ」にあたる音が全部そろいました．「ウ，エ，オ」に近い音がそれぞれ2つずつあるわけです．「エ」は2つとも同じ発音でいいので，**朝鮮語の発音上区別すべき単母音（ア，イ，ウ，エ，オにあたる）は7つ**です．

　《**参考**》日本語でもぞんざいな発音では「うまい *umai*」を「うめえ *umê*」のように，「すごい *sugoi*」を「すげえ *sugê*」のようにいうことがありますね．朝鮮語でも古い時代にはㅐを「アイ」と読みました．

08 01

㋐ 네	［間］はい
㋑ 제	［代］私の，自分の
㋒ 언제	［代］いつ
㋓ 우체국	［名］郵便局【郵遞局】
㋔ 문제	［名］問題【問題】
㋕ 어제	［名］昨日

㉠ 제일	[副] いちばん，もっとも【第一】
㉡ 내년	[名] 来年【来年】
㉢ 내일	[名] 明日【来日】
㉣ 여행	[名] 旅行【旅行】
㉤ 비행기	[名] 飛行機【飛行機】
㉥ 노래	[名] 歌
㉦ 생각	[名] 考え，思い
㉧ 동생 ×/돈생/	[名] 弟，妹【同生】
㉨ 선생님 ×/선샌님/	[名] 先生【先生・】
㉩ 책	[名] 本【冊】
㉪ 얘기	[名] 話

❷ 母音字（ワ行音など）

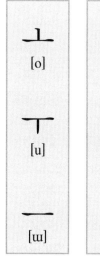

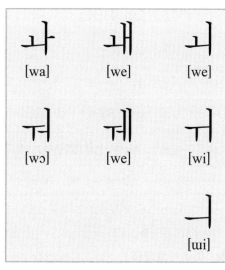

ㅗ，ㅜを左側に書く合成母音字はおもに日本語のワ行音にあたる音をあらわします.

ㅗの右側にㅏを書いたㅘは「オ」と「ア」を続けて発音すればよいので「ワ」となります.

ㅗの右側に先ほど学んだㅐを書いたㅙは「オ」と「エ」を続けて発音すればよいので「ウェ」のような音になります.

ㅚも「ウェ」で，ㅙと同じ音です. これはそのまま覚えてください.

ㅜの右側にㅓを書くとㅝとなります．「ウ」と「オ」を続けて発音すればよいので「ウォ」のような音になります．

ㅜの右側に先ほど学んだㅔ（これも「エ」）を加えたㅞは「ウ」と「エ」を続けて発音した「ウェ」となります．ㅙ，ㅚと同じ音です．

ㅜの右側にㅣを書いたㅟは口をすぼめた「ウ」に「イ」で「ウィ」となります．

《**参考**》「ウェ」をあらわす母音字はㅙ，ㅚ，ㅞの３つあり，単語によって決まっています．**ㅚだけは「ウェ」と読む手がかりがありませんが，「ウィ」と読まないよう気をつけましょう．** 외や회のような単語全体の音で覚えてしまうのがよいでしょう．

교	교과서	[名]	教科書【教科書】
토	도서관	[名]	図書館【図書館】
화	화장실 ×/화잔실/	[名]	トイレ【化粧室】
백	백화점 /배콰점/	[名]	デパート，百貨店【百貨店】
왜	왜	[副]	なぜ
돼	돼지	[名]	豚
외	외국	[名]	外国【外国】
회	회사	[名]	会社【会社】
웨	스웨터	[名]	セーター
위	위	[名]	上
취	취미	[名]	趣味【趣味】
원	원	[名]	ウォン〔南北朝鮮の貨幣単位〕【円】

合成母音字（ワ行音）の左側にㅗ，ㅜのどちらを書くかは決まっています．

朝鮮語の基本母音字（のうち６つの母音字〔▶p.12〕）はㅗ，ㅏとそれ以外の２つのグループに分かれます．前者を**陽母音**，後者を**陰母音**といい，合成母音字を作る際に陽母音と陰母音は混在しないのが原則です．

ですからㅗとㅏ，ㅜとㅓは組み合わせることができますが，ㅜとㅏ，ㅗとㅓを組み

合わせた母音字はありません（ᅾやᅸはありえない母音字です）．ただし丨は例外で，陰母音ですが陽母音とも結合します．ㅗとㅏだけが別のグループであるということは**重要**ですから，覚えておくと役に立つでしょう．

《**参考**》ㅐは基本母音字に戻すとㅏと丨なので陽母音ㅗと組み合わさり，ㅔは基本母音字に戻すとㅓと丨なので陰母音ㅜと組み合わさるわけです．

ᅴは一と丨を組み合わせた音なので，口を横に広げた「ウイ」でよいのですが，前に何か別の音がある場合は/丨/で発音します．의자《椅子》はつづりどおり発音しますが，거의《ほとんど》の의は先頭でないので/거이/となるのです．

㉟ 의자	[名] 椅子【椅子】
㊱ 거의 /거이/	[副] ほとんど

これで母音字はすべて学びました．

■**練習1**■ 次の単語あるいは文を朝鮮語で書いてみましょう．
①図書館　②本　③郵便局　④デパート　⑤トイレ
⑥先生　⑦弟，妹　⑧明日　⑨いつ　⑩なぜ
⑪会社　⑫外国　⑬旅行　⑭考え　⑮いちばん
⑯豚肉を買います．　⑰飛行機を待ちます．
⑱教科書を見ます．　⑲私の趣味を話します．
⑳はい，うちの子どももほとんどいつもあの歌を歌います．

＊　＊　＊　＊　＊　＊　＊　＊　＊

⑯「肉」〔▶p.25〕．「豚肉」で1単語とみなすので「豚」と「肉」はつけて書きます．
⑲「話します」は「話」と「する」を合わせてあらわすことができます〔▶p.31〕．
⑳「うちの」は「私たちの」を用います．「いつも」〔▶p.23〕．「歌う」は「する」を用いてあらわすことができます〔▶p.28〕．「はい」の後ろにはコンマをつけましょう．

《**参考**》⑳の「あの」には「その」を使います．日本語の「あの」には「遠くに見えているもの」を指す用法と話者が互いに了解している「例のもの」を指す用法がありますが，後者を朝鮮語では「その」であらわすのです．これは朝鮮語の「こそあどことば」すべてに共通する性質で，그것《それ》や거기《そこ》も状況によって「あれ」や「あそこ」になるのです．

第**9**課　濃音

---

❶ 濃音字（初声字）

　朝鮮語には平音と激音という，日本語にはない区別があることを学びましたが，実はもうひとつ，**濃音**と呼ばれる種類の子音があります．濃音とは**息を出さずにのどを緊張させて出す音**です．**濃音も激音と同じく決して濁らない**ことに気をつけてください．濁音に近く聞こえるかもしれませんが，濁音ではありません．濃音は５つあり，濃音をあらわす**濃音字**は平音字を２つ重ねて ㄲ，ㄸ，ㅃ，ㅉ，ㅆ のように書きます．

　まず /ㄲ/ から練習してみます．/악/ という音を，終声 /ㄱ/ でのどに力を入れて，のどが締め付けられるように出してみましょう（英語の [k] のような息の音が出ないように注意します）．

　それに慣れたら終声 /ㄱ/ だけをのどに力を入れて発音してみます（当然音は聞こえません）．その状態から，絞り出すように「カ」と発音してみます．かん高い音に聞こえれば，それが /까/ の音です．息が出ないように注意します．カナでは書きようがありませんが，あえて書けば「ッカ」のような感じです．**声をかん高く出す**とそれらしく聞こえるでしょう．

　/ㄸ/ も同じ要領で発音します．/앋/ の終声 /ㄷ/ のみを，舌先に力を入れて，しかも英語の [t] のような息の音が出ないようにがまんしている状態から「タ」を発音します．それが /따/ の音です．「ッタ」のように聞こえると思います．

　同じように唇に力を入れて閉じている状態から「パ」を発音すれば /빠/ が出ます．/짜/ は「ッチャ」，/싸/ は「ッサ」のような感じで発音してみましょう．

　濃音は最初はむつかしいかもしれませんが，コツをつかめばできるようになりますので心配いりません．次のように練習してみるのも一つの方法です．

까	[ˀka]	「いっか（一家）」と発音するときの「っか」
따	[ˀta]	「いった（言った）」と発音するときの「った」
빠	[ˀpa]	「いっぱ（一派）」と発音するときの「っぱ」
짜	[ˀtʃa]	「いっちゃ（言っちゃ）」と発音するときの「っちゃ」
싸	[ˀsa]	「いっさ（一茶）」と発音するときの「っさ」

㋐	꽃 /끋/	[名] 花
㋑	끝 /끋/	[名] 終わり，最後
㋒	때	[名] 時（とき）
㋓	또	[副] また，ほかに
㋔	빵	[名] パン
㋕	찌개	[名] 鍋料理，チゲ
㋖	씨	[名] 〜さん【氏】

《**参考**》激音の練習方法にならって，「カカ」の１文字目を息を抑え気味に，２文字目を息が出ないように，そして「低高」のアクセントで発音すると /까/ を単独で発音するより濃音が出やすいようです．試してみましょう．

　単語の先頭では「カ」に近い朝鮮語の音 /가/，/카/，/까/ の３つを区別して発音しなくてはなりませんが，２文字目以降では /가/ は濁って「ガ」になってしまうので，/카/ と /까/ の２つが区別できればよいわけです．激音でなければ（＝息を強く出さなければ）濃音の「カ」であることは十分わかってもらえます．

㋗	오빠	[名] 兄〔妹から見て〕
㋘	날씨	[名] 天気
㋙	왼쪽	[名] 左側
㋚	오른쪽	[名] 右側

❷ 濃音化・その１【発音変化】

平音/ㄱ/，/ㄷ/，/ㅂ/，/ㅈ/は２文字目以降で濁りますが〔▶p.24〕，直前につまる終声があると濁りません．この濁らない音は濃音とみなされ，これを**濃音化**と呼びます．

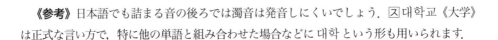

ⓢ	학교 /학꾜/		[名] 学校【学校】
ⓩ	대학교 /대학꾜/		[名] 大学【大学校】
ⓣ	학기 /학끼/		[名] 学期【学期】

《参考》日本語でも詰まる音の後ろでは濁音は発音しにくいでしょう．ⓩ대학교《大学》は正式な言い方で，特に他の単語と組み合わせた場合などに 대학 という形も用いられます．

❸ 濃音字（終声字）

終声字では**濃音字も平音字と同じ音**をあらわします．たとえつづりがㄲ，ㄸ，ㅃ，ㅉ，ㅆであっても/ㄱ/，/ㄷ/，/ㅂ/，/ㅈ/，/ㅅ/と発音することになります．

| ⓥ | 밖 /박/ | | [名] 外 |

《参考》実際は終声字にはㄸ，ㅃ，ㅉが存在せず，ㄲ，ㅆの２つのみがあります．終声には/ㅅ/が存在しないので，ㅆは/ㄷ/で発音されます〔▶p.36〕．

これで子音字もすべて学びました．平音字がㄱ，ㄷ，ㅂ，ㅈ，ㅅ，ㅎ，ㄴ，ㅁ，ㄹ，ㅇの10個，激音字がㅋ，ㅌ，ㅍ，ㅊの４個，濃音字がㄲ，ㄸ，ㅃ，ㅉ，ㅆの５個です．

《参考》終声字はつづりとしてはㄸ，ㅃ，ㅉ以外はすべて存在しますが，実際の音としては/ㅁ/，/ㄴ/，/ㅇ/，/ㄹ/，/ㅂ/，/ㄷ/，/ㄱ/の７つのみがありえます〔▶p.36〕．

❹ 二重終声字

終声にふたつの子音字を書く単語が存在します．これらは左右どちらかだけを読みます．英語 column《コラム》の n，receipt《領収書》の p のような黙字（サイレント）と似ています．２つのうちどちらを読むかについては今のところ単語ごとに覚えてください．

| ㅌ | 값 /갑/ | [名] 値段 |
| ㅍ | 닭 /닥/ | [名] 鶏 |

■練習1■ 次の単語を朝鮮語で書いてみましょう.

①外　　②花　　③左側　　④右側　　⑤兄〔妹から見て〕

⑥時　　⑦値段　　⑧大学　　⑨学期　　⑩終わり

5 固有数字

「ひとつ，ふたつ，みっつ…」にあたる数字，つまり**固有数字**〔▶p.23〕を既習のものを含め1から10まで，漢数字といっしょに覚えましょう.

ㄲ	하나	[数] ひとつ〈既習〉
ㄸ	둘	[数] ふたつ
ㅏ	셋 /센/	[数] みっつ
ㅑ	넷 /넨/	[数] よっつ
ㅓ	다섯 /다섣/	[数] いつつ
ㅕ	여섯 /여섣/	[数] むっつ
ㅗ	일곱	[数] ななつ
ㅛ	여덟 /여덜/	[数] やっつ
ㅜ	아홉	[数] ここのつ
ㅠ	열	[数] とお

■練習2■ 次の単語を朝鮮語で書いてみましょう.

①ひとつ　②ふたつ　③みっつ　④よっつ　⑤いつつ

⑥むっつ　⑦ななつ　⑧やっつ　⑨ここのつ　⑩とお

⑪一　　⑫二　　⑬三　　⑭四　　⑮五

⑯六　　⑰七　　⑱八　　⑲九　　⑳十

第10課 連音・指定詞

今日は❷❹6月3日❶❷です❷❺.
姉の誕生日❸です❷❺.
〜誕生日❸おめでとうございます〜
私は本を❷❹プレゼントします❷.

---

❶ 月と日にち

　朝鮮語の月と日にちは「漢数字＋月」「漢数字＋日」で機械的に作ることができます. ただし月の名のうち「6月」と「10月」は数字の終声が消えることに気をつけてください.

㋐ 월	[名] 〜月 (がつ)【月】
㋑ 일월 /이뤌/	[名] 1月【一月】
㋒ 이월	[名] 2月【二月】
㋓ 삼월 /사뭘/	[名] 3月【三月】
㋔ 사월	[名] 4月【四月】
㋕ 오월	[名] 5月【五月】
㋖ 유월	[名] 6月【六月】
㋗ 칠월 /치뤌/	[名] 7月【七月】
㋘ 팔월 /파뤌/	[名] 8月【八月】
㋙ 구월	[名] 9月【九月】
㋚ 시월	[名] 10月【十月】
㋛ 십일월 /시비뤌/	[名] 11月【十一月】
㋜ 십이월 /시비월/	[名] 12月【十二月】

発音に注意が必要です．初声字 ㅇ は具体的な音がない「空き」なので，前の文字の終声字の子音は ㅇ の次の母音と発音上隣り合わせになります．そのためたとえば삼월《三月》をひといきに発音した場合，子音/ㅁ/が次の文字の母音/ㅓ/とつながって/사뭘/のようになるのです．この現象を**連音**といいます．

《参考》つづりの上からは前の文字の終声が発音上「空き」の位置に入り込み，初声のように発音されると考えることができます．英語 *good evening*《こんばんは》が「グ**ディ**ブニン」のように発音されたり，やはり英語の車内放送 *the next station is...*《次の停車駅は～》の *station is* が「ステイショ**ニズ**」のように聞こえるのも同じ現象です．

ㅂ，ㄷ，ㄱ は終声[p˺]，[t˺]，[k˺]が「初声」の位置で[b]，[d]，[g]になることに注意が必要です．また ㄹ は終声[l]が「初声」の位置で[r]に替わります．

〔つづり〕 십↗일↗월 ☞ 〔実際の発音〕/시↗비↗뤌/

《参考》たとえば「三月」や「八月」を/사뭘/，/파뤌/という発音どおりに書かずにわざわざ삼월，팔월と書くのは，漢字の読み方を1文字ずつハングルで表記する（三＝삼，八＝팔，月＝월）という朝鮮語のつづり方の方針のためです〔▶p.40〕．

日にちの名称は月の名称のような不規則なものはありません．일，이，삼，사，오，육，칠，팔，구，십にそのまま일をつければ「1日～10日」になります．

| ㅌ 일 | [名]～日（にち）【日】 | 🔊 10 02 |

■練習1■ 次の単語を朝鮮語で書いてみましょう．　🔊 10 03
① 1日　② 2日　③ 3日　④ 4日　⑤ 5日
⑥ 6日　⑦ 7日　⑧ 8日　⑨ 9日　⑩ 10日

❷ 連音する単語

連音が起こるのは数字の場合だけではもちろんありません．つづりと発音のずれに注意しながら，正しく読めるように練習しましょう．

ヴ	일본어 /일보너/	[名] 日本語【日本語】
ヷ	한국어 /한구거/	[名] 朝鮮語【韓国語】
ヸ	외국어 /외구거/	[名] 外国語【外国語】
ヹ	음악 /으막/	[名] 音楽【音楽】
ヺ	편의점 /펴니점/	[名] コンビニ【便宜店】
㋐	대학원 /대하권/	[名] 大学院【大学院】

　初声/ㅎ/はひびく終声〔▶p.36-37〕のうち/ㅁ/, /ㄴ/, /ㄹ/の後ろで聞こえなくなることがあります．結果的に初声/ㅇ/と同じく「空き」となるので，連音が起こります．

㋑	전화 /저놔/	[名] 電話【電話】
㋒	올해 /오래/	[名] 今年

❸「初声」にならない連音

　ひびく終声のうち/ㅇ/は[ŋ]という具体的な音をあらわしますが，この音は初声にあらわれることがありません．そのため終声/ㅇ/が「初声のように発音される」とは言いにくいのですが，連音という名のとおり，次の母音とつなげて，東日本の一部の方言にある鼻濁音のように鼻に抜けるような感じで発音するのがよいでしょう．

　なお終声/ㅇ/の次につづく初声/ㅎ/もやはり聞こえなくなることがあります．

㋓	영어	[名] 英語【英語】
㋔	생일	[名] 誕生日【生日】
㋕	평양	[名] 平壌【平壌】
㋖	영화 /영와/	[名] 映画【映画】
㋗	방학 /방악/	[名] 休み (学校の休暇)【放学】
㋘	안녕하세요 /안녕아세요/	[間] こんにちは【安寧・・・】

4 助詞「〜は, 〜を」と連音

　助詞「〜は, 〜を」には −은, −을 という形もあり, 子音字で終わる（＝終声字のある）単語の後ろで用います. 助詞は前の単語に続けて読むので連音が起こります. 第5課で学んだ −는, −를 は母音字で終わる（＝終声字のない）単語の後ろでのみ用います.

ㅅ	−은	［助］〜は〔子音字の後ろで〕
ㅎ	−을	［助］〜を〔子音字の後ろで〕

■**練習2**■　次の文を読み, 日本語に訳してみましょう.

　①오늘**은** 수업**을** 합니다.　　　②점심**은** 도시락**을** 삽니다.
　③내일**은** 그 사람**을** 만납니다.　④우리 집**은** "서울 신문"**을** 봅니다.

5 指定詞「〜だ」

　名詞の後ろの「〜です」, つまり英語の *be* 動詞にあたる形は −입니다です. 基本形 −이다《〜だ, 〜である》に「ですます形」語尾 −입니다がついたものです. 子音で終わる名詞の後ろで連音が起こります. −이다を**指定詞**と呼び, 動詞とは別の品詞に分類します.

ㅁ	−이다	［指］〜だ, 〜である

■**練習3**■　次の単語に「〜は, 〜を, 〜です」をつけて朝鮮語で書いてみましょう.

　①朝鮮語　　②電話　　　③大学院　　　④コンビニ　　　⑤映画音楽

　　《**参考**》「映画音楽」のような合成語は「分けて書くのが原則だがつけてもよい」というルールのものが多いです. 分かち書きはまずは最低限のルール〔▶p.30〕を守りましょう.

오늘은 유월 삼일입니다.
누나/언니 생일입니다.
〜생일 축하합니다〜
저는 책을 선물합니다.

コラム：文字の順序と名称

1 母音字の順序と名称

　基本母音字の順序は第1課で学びましたが，合成母音字を含む場合は，各基本母音字の後ろにそれぞれから作られる合成母音字を並べます．

　ㅗ，ㅜのようにそれを元に複数の合成母音字が作られる場合，右につく母音字の順序によって合成母音字の順序が決まります．下では単母音（ア，イ，ウ，エ，オ）を白地のローマ字で示しました．

　《参考》ㅗを元に作られたㅘ，ㅙ，ㅚの配列順序はㅏ，ㅐ，ㅣに従い，ㅜを元に作られたㅝ，ㅞ，ㅟの配列順序はㅓ，ㅔ，ㅣに従うわけです．

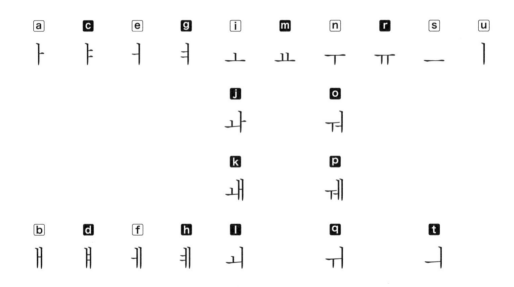

　《参考》同じ音で読まれる合成母音字ㅐ，ㅒやㅙ，ㅚ，ㅞなどは基本母音字に戻して，それぞれ「ㅏㅣ」「ㅓㅣ」，「ㅗㅏㅣ」「ㅗㅣ」「ㅜㅓㅣ」のように呼ぶことで区別します．

2 子音字の順序と名称

　子音字の順序（さしずめ日本語の「アカサタナハマヤラワ」にあたります）は母音字ㅏとともに次のような順序で覚えましょう．このように順序をとなえる場合は濃音字を含めないのがふつうです．

가 나 다 라 마 바 사 아 자 차 카 타 파 하

[10][12]

すべての子音字を配列する場合，濃音字は対応する平音字の後ろに並べます．

[1]	[3]	[4]	[6]	[7]	[8]	[10]	[12]	[13]	[15]	[16]	[17]	[18]	[19]
ㄱ	ㄴ	ㄷ	ㄹ	ㅁ	ㅂ	ㅅ	ㅇ	ㅈ	ㅊ	ㅋ	ㅌ	ㅍ	ㅎ
❷		❺			❾	⓫		⓮					
ㄲ		ㄸ			ㅃ	ㅆ		ㅉ					

子音字はそれぞれ独自の名称をもっています．1文字目にㅣ，2文字目にㅡを書き，1文字目の初声と2文字目の終声に該当する子音字を書いたものがその子音字の名称となります．ㄹなら리을，ㅂなら비읍，ㅎなら히읗のようにです．

《参考》次のものは名称が不規則なものです．ㄱ＝기역，ㄷ＝디귿，ㅅ＝시옷．また濃音字の名称は対応の平音字の名称の前に쌍（「双」の朝鮮語読み）をつけることで次のようにあらわします．ㄲ＝쌍기역，ㅃ＝쌍비읍，ㅆ＝쌍시옷など．

❸ 母音字と子音字をあわせた配列

辞書や名簿などの配列には日本語の五十音図と同じように子音字と母音字を組み合わせた順序が用いられます．上のローマ字と数字を用いると，[1][a]～[1][u]，❷[a]～❷[u]，[3][a]～[3][u]，[4][a]～[4][u]のような順序となります．

具体的にはまずㄱが가개갸걔거게겨계고과괘괴교구궈궤귀규그긔기の順序に並び，次にㄲが까깨꺄꺠꺼께껴꼐꼬꽈꽤꾀꾜꾸꿔꿰뀌뀨끄끠끼，ㄴが나내냐냬너네녀녜노놔놰뇌뇨누눠눼뉘뉴느늬니のように続くわけです．

終声字をもつ文字は終声字をもたない文字の後ろに並びます．つまり[1][a]と[1][b]のあいだに終声字をもつ文字が[1][a][1]，[1][a]❷，[1][a][3]～[1][a][19]の順序で挟まります．具体的にはまず가각갂간갇갈감갑갓갔강갖갗갘같갚갛，次に개객갞갠갣갤갬갭갯갰갱갲갳갴갵갶갷，갸갹갺갼갿걀걈걉걋걌걍걎걏걐걑걒걓のように続きます．二重終声字を含むたとえば값《値段》は갑の後ろに，닭《鶏》は달の後ろに並びます．

■練習1■ 今までに覚えた単語を，巻末の朝鮮語索引で引いてみましょう．

第11課　否定形と疑問形

▷外国語は何を❶習っていますか❸?
　朝鮮語❹を習っています.　これが❶❺私たちの教科書です.
▷辞書は使わないんですか❷❸?
　はい,　まだ使いません❷.　1年生❹はこの本だけ❹❻使います.

---

❶ 助詞と連音

　たとえば이것《これ》は/이걷/と読みますが,　終声字のつづりと発音にずれがあるこの
種の単語の後ろに助詞がついて連音する場合,　**終声字のつづりが助詞の初声の位置に入り
込んだように発音される**のです.　つまり이것은,　이것을 は/이거든/,　/이거들/ ではなく
/이거슨/,　/이거슬/ となるわけです.　**連音すると終声字のつづりの音が生き返る**と考えれば
よいでしょう.　この現象は,　助詞だけではなく指定詞−이다でも起こります.

■**練習1**■　次の文を読み,　日本語に訳してみましょう.

①그것은 제 돈입니다.　　　②저는 꽃을 하나 삽니다.
③이 옷은 언니 옷입니다.　　④우리 집은 우체국 앞입니다.

　《**参考**》곧《すぐ》,　무엇《何》,　낮《昼》,　꽃《花》,　끝《終わり》の終声が/곧/,　/무
얻/,　/낟/,　/꼳/,　/끋/ とみな同じなのにいちいち書き分けるのは,　連音したときの音をあらか
じめ示しておくためなのです.

---

❷ 否定形

　「飲む」に対する「飲まない」にあたる形,　つまり**否定形**は,　朝鮮語では用言の前に안
《〜ない》を置くことによってあらわします.　안はつづりの上では次の用言と離して書きま
すが,　続けて発音するので用言の1文字目の初声によっては濁音化や連音が起こります.

飲む
마시 다

飲まない
안 마시 다

飲みません
안 마시 ㅂ니다

■**練習2**■　次の文を読み，日本語に訳してみましょう．

①커피는 거의 **안 마십니다.**　　②우리는 이 영화를 **안 봅니다.**

③아니요, 그 얘기는 **안 합니다.**　　④한국어 수업은 사전을 아직 **안 씁니다.**

㉐ 아직	[副] まだ
㉑ 쓰다	[動] 使う

③ 疑問形

　基本形の語尾 −다 を −ㅂ니까 に取り替えると**疑問形**になります．平叙形 −ㅂ니다 の場合と同じく ㅂ はすべて /ㅁ/ で読みます．語幹の最後の文字の下に ㅂ を 합니까, 삽니까, 마십니까 のように書くのも平叙形の場合と同じです．やはり /한니까/ のような発音にならないように，/ㅁ/ を両唇をしっかり閉じて発音するように心がけてください．

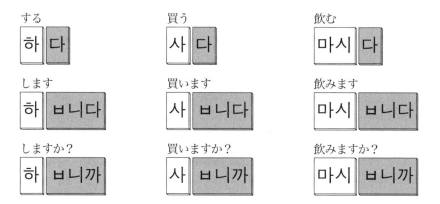

■**練習3**■　次の単語の基本形と「ですます形」を朝鮮語で書いてみましょう．

①する／します／しません／しますか　②使う／使います／使いますか／使いませんか

③見る／見ます／見ません／見ますか　④待つ／待ちます／待ちますか／待ちませんか

■**練習4**■　次の文を読み，日本語に訳してみましょう．

①누구를 **기다립니까?**　　②왜 사전을 **안 씁니까?**

③술은 무엇을 **마십니까?**　　④반찬은 어느 것을 **삽니까?**

　《**参考**》疑問文では英語などと同じく「?」を書くことになっています．また「〜ますか」
　が文脈によって「〜ていますか」のように訳せるのも平叙形と同じです．

❹ 口音の鼻音化【発音変化】

　朝鮮語では**マ行音，ナ行音の前でつまる音は発音できない**ので，マ行音，ナ行音の前に
つまる終声/ㅂ/，/ㄷ/，/ㄱ/（たとえば/ㄷ/は ㅅ，ㅈ などを含みます）が接する場合，/ㅂ/
→/ㅁ/，/ㄷ/→/ㄴ/，/ㄱ/→/ㅇ/に置き換えて発音します．これを**鼻音化**といいます.

| | ㄷ | 학년 /항년/ | [名] 学年，〜年生【学年】 |

| | ㄹ | 박물관 /방물관/ | [名] 博物館【博物館】 |

11 06

　《**参考**》/ㅁ/，/ㄴ/，/ㅇ/を**鼻音**といいます．文
字どおり鼻に抜ける音で，鼻をつまむと音が出ない
ことで確かめることができます．これに対してつま
る終声/ㅂ/，/ㄷ/，/ㄱ/を**口音**といいます．ちなみ
に/ㄹ/を**流音**といいます.

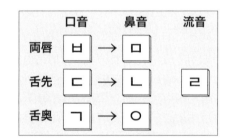

	口音		鼻音	流音
両唇	ㅂ	→	ㅁ	
舌先	ㄷ	→	ㄴ	ㄹ
舌奥	ㄱ	→	ㅇ	

　鼻音化とは口音が鼻音/ㅁ/，/ㄴ/の性質に染まっ
て鼻音になってしまうことです．2つの子音の性質
が同じになるこのような現象を**同化**といいます.

　右上の図は7つの終声〔▶p.36〕に含まれる子音を**音の出し方**（口音，鼻音，流音）と**音の
出る位置**（両唇，舌先，舌奥）〔▶p.34〕の2つの観点から分類したものです．鼻音化しても
音の出る位置は替わらないので/ㅂ/→/ㅁ/，/ㄷ/→/ㄴ/，/ㄱ/→/ㅇ/となるわけです．－ㅂ니
다，－ㅂ니까のㅂが/ㅁ/で発音される理由がまさにここにあるのです.

　/ㅂ/→/ㅁ/，/ㄷ/→/ㄴ/については ㅂ，ㄷの上部を指で隠すと ㅁ，ㄴ となると覚えるのがよ
いでしょう．子音字の一部は似た音が似た形になるようデザインされています〔▶p.35〕.

　英語 *good morning*《おはよう》や *good night*《おやすみ》がそれぞれ「グン**モ**ーニン」
「グン**ナ**イ」のように聞こえるのも似た現象だといえます.

　韓国における自国語名称 한국어《朝鮮語》は前課で学びました．直訳すれば「韓国語」
ですね．その他「韓国ことば」と直訳可能な 한국말《朝鮮語》も話しことばで広く用いら
れます．鼻音化/ㄱ/→/ㅇ/に注意しましょう．話しことばの形は他の言語名にもあります.

| | ㅋ | 한국말 /한궁말/ | [名] 朝鮮語【韓国・】〔話しことば〕 |

| | ㅌ | 일본말 | [名] 日本語【日本・】〔話しことば〕 |

| | ㅍ | 배우다 | [動] 学ぶ，習う |

11 07

■練習5■ 次の文を読み，日本語に訳してみましょう.
①외국어는 지금 어느 나라 말을 배웁니까? —**한국말**을 배웁니다.
②일 **학년**은 어느 교과서를 씁니까?   ③저것은 우리 대학교 **박물관**입니다.

5 助詞「〜が」

朝鮮語にも「〜は」と「〜が」の区別があります．「〜が」にあたる形も子音字で終わる
単語につく場合と母音字で終わる単語につく場合で形が異なります．

㋗ ―가	[助] 〜が〔母音字の後ろで〕

㋘ ―이	[助] 〜が〔子音字の後ろで〕

■練習6■ 次の文を読み，日本語に訳してみましょう.
①우리 자리**는** 여기입니다.   ②여기**가** 우리 자리입니다.
③이것**은** 제 우산입니다.   ④이것**이** 제 우산입니다.

6 助詞「〜だけ，〜ばかり」

「〜だけ，〜ばかり」に相当する助詞を ―만 であらわします．形は１つしかありません
が，マ行音なのでつまる終声で終わる単語の終声が鼻音化することに注意してください.

㋙ ―만	[助] 〜だけ，〜のみ，〜ばかり

■練習7■ 次の文を読み，日本語に訳してみましょう.
①아이가 우유**만** 마십니다.   ②저녁**만** 오빠가 준비합니다.
③오늘은 도시락**만** 삽니다.   ④저는 항상 그것**만** 생각합니다.

▷외국어는 무엇을 배웁니까?
　한국말을 배웁니다. 이것이 우리 교과서입니다.
▷사전은 안 씁니까?
　네, 아직 안 씁니다. 일 학년은 이 책만 씁니다.

第**12**課　漢数字

> ▷これは❷いくらですか？
>
> 　9千❹ウォンです.
>
> ▷これも❶❸9千❹ウォンですか？
>
> 　いいえ，それは1万6百❶❹ウォンです.

---

❶ 濃音化・その2【発音変化】

　たとえば대학교《大学》の3文字目が濁らずに/대학꾜/と発音されることを学びましたが〔▷p.48〕，これは2文字目の終声字と3文字目がの初声字がともにㄱで合わせるとㄲになるからではありません.

　つまる終声/ㅂ/，/ㄷ/，/ㄱ/に続く初声/ㅂ/，/ㄷ/，/ㄱ/，/ㅈ/はすべて濁りません. つまり濃音/ㄲ/，/ㄸ/，/ㅃ/，/ㅉ/として発音されます.

> 《参考》英語で *map*《地図》，*hat*《帽子》，*book*《本》のように語末が *p, t, k* で終わる単語が複数形の *s* が濁らず，*team*《チーム》，*pen*《ペン》，*song*《歌》，*oil*《油》のように語末が *m, n, ng, l* で終わる単語，および *tree*《木》のように母音で終わる単語が複数形の *s* が濁る現象は，朝鮮語のひびく終声，つまり終声の場合と完全に一致します（ただし朝鮮語の/ㅅ/は母音やひびく終声の後ろでも濁りませんが）.

㉮ 식당 /식땅/ ×/신땅/		[名] 食堂【食堂】	
㉯ 숙제 /숙쩨/ ×/순쩨/		[名] 宿題【宿題】	

> 《参考》㉮，㉯をそれぞれ「シッタン，スッチェ」のように読むと×で示したような発音になってしまいます. そうならないよう1文字目の終声/ㄱ/をしっかり，しかも音が外に漏れないように発音できるようにしましょう.

㉰ 학생 /학쌩/		[名] 学生，生徒，児童【学生】	
㉱ 대학생 /대학쌩/		[名] 大学生【大学生】	

オ	택시 /택씨/	[名]	タクシー
カ	식사 /식싸/	[名]	食事【食事】
キ	책상 /책쌍/	[名]	机【冊床】
ク	엽서 /엽써/	[名]	はがき【葉書】

《参考》この現象は**日本人には「濁らない」ととらえられますが朝鮮人にとっては「濃音で発音される」**ことが**本質**ですから，濃音となりうる子音すべてが対象になります．つまりつまる終声の後ろの初声/ㅅ/も対象になり，/ㅆ/で発音されるのです．しかし日本人が発音すると自然にそうなるので，特に意識する必要はありません．

また初声/ㅅ/の前の文字の終声/ㄱ/, /ㅂ/は英語 *book*《本》, *map*《地図》の語末のように息を出して発音します．これも音の特性上自然にそうなるので意識する必要はありません．

❷ 疑問詞疑問文と助詞「〜が」

日本語には「これはおかずですか？」と「これがおかずですか？」のように「〜は」と「〜が」の使い分けがあり，朝鮮語にも似た区別があることを学びました〔▶p.59〕．

日本語では「疑問詞＋ですか」の構文で「〜が」を用いることができません（「これは何ですか？」とはいえますが「これが何ですか？」とはいえません）．朝鮮語では－는/－은《〜は》と－가/－이《〜が》の両者が可能ですが，後者がふつうの言い方です．**朝鮮語の「疑問詞＋ですか」の構文では「〜が」を用いる**とまずは覚えましょう．

■**練習1**■　次の文を読み，日本語に訳してみましょう.　

① 전공**이 무엇**입니까?

② 학생 식당**이 어디**입니까?

③ 오늘 숙제**가 무엇**입니까?

④ 그 남자**가 누구**입니까?

⑤ 값**이 얼마**입니까?

⑥ 동생 나이**가 몇**입니까?

⑦ 여자 친구 생일**이 언제**입니까?

⑧ 도서관**이 어느** 건물입니까?

《参考》二重終声字〔▶p.48〕では右の子音字が連音し，左の子音字は終声として発音されるのが標準語のルールです．英語 *column*《コラム》と *columnist*《コラムニスト》の関係に似ています．닭《鶏》は/닥/，닭은《鶏は》は/달근/となるルールですが，実際には/다근/と発音されることが多いようです．体言は単語によってばらつきが大きく，값은《値段は》は/갑쓴/と読みますが，여덟은《8つは》は/여덜븐/ではなく/여더른/と読んでください．

《参考》「**外国語は**何を習っていますか」が 외국어가 무엇을 배웁니까? になるわけでは
ありません．日本語の「～は」が朝鮮語で－가/－이《～が》になるのは「～は」が意味的に
主語をあらわす場合で，上のように「～は」が意味的に目的語をあらわす場合は対象外です．

3 助詞「～も」

「～も」にあたる助詞は－도です．子音字で終わる単語，母音字で終わる単語の両方に
同じ形が用いられますが，つまる終声の後ろで濃音化が起こることに注意してください．

㋓	－도	[助] ～も

■**練習2**■　次の単語に「～は，～を，～だけ，～も，～です」をつけて朝鮮語で書き，発
音変化に気をつけて読んでみましょう．

　①水　　　　②英語　　　③食事　　　④おつゆ　　　⑤ごはん　　　⑥値段　　　⑦横
　　　　　　　　　＊　　＊　　＊　　＊　　＊　　＊　　＊　　＊
　①「水」〔▶p.19〕．　　　　　　　②「英語」〔▶p.52〕．

■**練習3**■　次の文を読み，日本語に訳してみましょう．

　①저는 한국말**도** 영어**도** 배웁니다.　　②생일 선물은 책만 삽니까? ―꽃**도** 삽니다.

4 漢数字（2ケタ以上の数）

　2ケタ以上の漢数字は 십《十》，백《百》，천《千》，만《万》を用いて位取りをあら
わします．たとえば이십《二十》，삼백《三百》，사천《四千》，오만《五万》のように
いうわけです．組み合わせ方は基本的に日本語と同じです．

㋔	백	[数] 百【百】
㋕	천	[数] 千【千】
㋖	만	[数] 万【万】

■**練習4**■　十一から二十までの数字をくりかえし発音してみましょう．

　《参考》십육《十六》は/심뉵/と発音されます．今はこのまま覚えてください．

■**練習5**■　次の数字を読み，日本語に訳してみましょう.

①삼십　　②육십칠　　③구십오　　④팔백　　⑤오백 사십

⑥육백 구십　⑦이천　　⑧사천 백　　⑨오천 칠백　⑩팔천 육백

《**参考**》十六《十六》のほか，백육《百六》，천육《千六》，만육《万六》もそれぞれ/뱅뉵/, /천뉵/, /만뉵/ と発音されます. つまり位取りの後ろの육《六》は/뉵/と読まれるわけです. 십육《十六》が/심뉵/, 백육《百六》が/뱅뉵/となるのは（ハングル表記にはあらわれないとはいえ）ナ行音の前ではつまる音が発音できないというルール〔▶p.58〕が適用された結果です. マ行音の前でも同じこと起こり，さらに濃音化のルール〔▶p.60〕の適用も受けるので，たとえば「六万六千六百六十六」は/융만뉵천뉵뺑뉵씸뉵/となるわけです.

■**練習6**■　次の数字をハングルで書き，発音してみましょう.

①41　　　②52　　　③96　　　④101　　　⑤300

⑥890　　　⑦3070　　　⑧4300　　　⑨6200　　　⑩8711

《**参考**》2ケタ以上の数字をハングルで書く際に韓国の標準語では万単位で分かち書きするルールなのですが，上の練習5ではあえて細かく分けて書いています. 実際には大きい数字をハングルで書く機会はほとんどないので，分かち書きが問題になることはまずありません.

■**練習7**■　次の語句を朝鮮語で書き，発音してみましょう.

①１万ウォン　②５万ウォン　③６万ウォン　④10万ウォン　⑤100万ウォン

　　　　　　　＊　＊　＊　＊　＊　＊　＊　＊　＊

①～⑤「ウォン」〔▶p.44〕.

《**参考**》「一万」には일をつけず，ただ만といいます〔▶p.15〕. なお「ウォン」に限らず単位は基本的に分かち書きしますが（「～月～日」は例外），数字をハングルでなく算用数字で書く場合はその必要はありません. 分かち書きは見やすさを目的としたものだからです.

▷이것이 얼마입니까?
　구천 원입니다.
▷이것도 구천 원입니까?
　아니요, 그것은 만 육백 원입니다.

第**13**課　日本語のハングル表記

私は大学生です．　＿＿＿＿＿＿**5**大学に**3**かよっています．
▷今何年生**1**ですか？
　1年生です．
▷何曜日**2**に**3**学校に**3**行きますか？
　月曜日**2**から**4**金曜日**2**まで**4**平日には**3**毎日学校に**3**行きます．

1 激音化・その2【発音変化】

　たとえば축하《お祝い》を /추카/ と読むことはすでに学びました〔▶p.40〕．7つの終声〔▶p.36〕のうち，つまる終声と初声字 ㅎ が隣り合わせになると激音化が起き，ひびく終声と初声字 ㅎ が隣り合わせになると /ㅎ/ は聞こえなくなるのです〔▶p.52〕．

　これらの発音変化は，つづりではなく音が基準となります．たとえば이것《これ》や꽃《花》の終声は /ㄷ/ なので，/ㄷ/＋/ㅎ/＝/ㅌ/ というルール〔▶p.40〕が適用されます．

■**練習1**■　次の文を読み，日本語に訳してみましょう．

　①숙제 안 합니까? ― **곧 합니다.**　　②오늘은 **이것 하나**만 삽니다.
　③지금 대학교 **몇 학년**입니까?　　④저것이 **몇 만** 원 합니까?

　　《**参考**》이것만《これだけ》が /이건만/ と発音されるのは이것《これ》が /이걷/ と発音されることから鼻音化 /ㄷ/→/ㄴ/ が起きるためでした〔▶p.58〕．そもそも「発音変化」であって「文字変化」ではないので，つづりではなく音が基準になるのは当然のことです．**読み方の変化に関してつづりが音に優先するのは連音だけ**だと考えてください．

2 曜日

　朝鮮語の曜日は漢字で書けば日本語と同じです．ただし日本語とは異なり「〜日」を略した「月曜，火曜…」のような言い方はふつうしません．

ㄱ　월요일 /워료일/　　　　　［名］月曜日【月曜日】

㋑ 화요일	[名] 火曜日【火曜日】	
㋒ 수요일	[名] 水曜日【水曜日】	
㋓ 목요일 /모교일/	[名] 木曜日【木曜日】	
㋔ 금요일 /그묘일/	[名] 金曜日【金曜日】	
㋕ 토요일	[名] 土曜日【土曜日】	
㋖ 일요일 /이료일/	[名] 日曜日【日曜日】	
㋗ 무슨	[連] 何の	
㋘ 무슨 요일 /무슨뇨일/	[連+名] 何曜日【・・曜日】	

《参考》朝鮮語では「何ですか」「何年生ですか」「何曜日ですか」の「何」を区別します. 後ろに名詞が続く「何年生」や「何曜日」のうち, 数字の答えが期待されるもの (何時何分など) は 몇《いくつ》, それ以外のもの (何学部何学科など) は 무슨《何の》を用います. 무엇《何》は「何」だけで完結している場合に用いる形です.

무슨 요일《何曜日》が連音せず/무슨뇨일/となることは今はそのまま覚えてください.

③ 助詞「〜に」・その1

「〜に」に相当する助詞を −에 であらわします. 形は1つしかありません.

㋐ −에	[助] 〜に	13 03

■ **練習2** ■ 次の文を読み, 日本語に訳してみましょう.   13 04

① 오늘은 백화점에 갑니다.　　② 내일은 남자 친구가 집에 옵니다.
③ 형은 대학원에 다닙니다.　　④ 아버지도 어머니도 회사에 다닙니다.

㋑ 가다	[動] 行く	13 05
㋒ 오다	[動] 来る, (雨や雪が) 降る	
㋓ 다니다	[動] かよう, 勤める, 行き来する	

■**練習3**■ 次の文を読み，日本語に訳してみましょう．
①평일**에**는 매일 학교에 갑니다.　②토요일**에도** 거의 학교에 갑니다.
③주말**에** 항상 무엇을 합니까?　④우리 수업은 처음**에**는 사전을 안 씁니다.

ㅌ 주말	[名] 週末【週末】
ㅍ 평일	[名] 平日【平日】
ㅎ 매일	[名] 毎日【毎日】

《**参考**》上で見たとおり，−에には日本語と同じく地点を指す場合と時をあらわす単語につけて副詞として用いる場合があります．後者の場合，日本語では「土曜日学校に行きます」と「土曜日に学校に行きます」の両方が可能ですが，朝鮮語では「昨日，今日，明日，今，毎日，日〔▶p.19〕」など一部の単語を除き，−에がないとかなり不自然な場合が多いです．

❹ 助詞「〜から，〜まで」・その1

「〜から，〜まで」を朝鮮語では−부터，−까지であらわします．

ㅊ −부터	[助] 〜から	
ㅋ −까지	[助] 〜まで	

■**練習4**■ 次の文を読み，日本語に訳してみましょう．
①여름 방학이 언제**부터**입니까?　②봄 학기 시험은 금요일**까지**입니다.

《**参考**》여름 방학《夏休み》の방は濁らず濃音で〔▶p.61〕発音されます．名詞を重ねて「〜の〜」という意味を（多くは合成語で）あらわす際にこの現象が起こることがあります．

❺ 日本語のハングル表記

日本語の固有名詞をハングルで表記する方法をみておきましょう.

Ⓐ아이우에오で「アイウエオ」を，아가사다나하마야라와で「アカサタナハマヤラワ」をあらわします．これらの子音字と母音字を組み合わせて五十音図を作ります．母音字ㅐㅕㅑは用いません．また母音字ㅡも一部の例外を除いて用いません． ☞練習5 ①②③

B ２文字目以降に「カ，タ」などの濁らない音が必要な場合，平音では濁ってしまうので，激音を用います（日本語の実際の発音は濃音に近いのですが，激音で表記することになっています）．☞練習5 ④⑤⑥

C ２文字目以降に濁音がある場合，平音をそのまま書けばけっこうです．「自動的に」濁ってくれるからです．☞練習5 ⑦⑧⑨

D １文字目に濁音がある場合は平音を用います．濁らずに発音されますが，朝鮮語では１文字目が濁る習慣はないので，やむを得ません．☞練習5 ⑩

E のばす音（＝ローマ字表記で長音符号をつける音）はふつう無視します．また「コウベ」を고우베のように書く習慣はありません．☞練習5 ⑪⑫⑬

F 「ン」と「ッ」は終声ㄴ，ㅅで機械的に置き換えます．☞練習5 ⑭⑮

G 朝鮮語にない音は近い（と朝鮮人が感じる）音で代用します．「ザ，ズ／ヅ，ゼ，ゾ」はそれぞれ자，즈，제，조であらわします．「ツ」も朝鮮語にはないので쓰を用います．このように「ツ」「ズ／ヅ」のほか，「ス」にも母音に ㅡ を用います．☞練習5 ⑯⑰⑱

H 「ジ／ヂ」は지であらわし，「チ」は지または치であらわします．☞練習5 ⑲⑳

■**練習5**■ ハングルで書いた次の地名がどこか考えてみましょう．

①아오모리　②히로시마　③도야마　④아키타　⑤모리오카
⑥요코하마　⑦나가노　⑧나고야　⑨마에바시　⑩기후
⑪교토　⑫오사카　⑬고베　⑭센다이　⑮삿포로
⑯미야자키　⑰시즈오카　⑱마쓰야마　⑲지바　⑳야마구치

■**練習6**■ 次の地名をハングルで書いてみましょう．

①山形　②福島　③鹿児島　④和歌山　⑤熊本
⑥東京　⑦高松　⑧高知　⑨金沢　⑩鳥取

저는 대학생입니다. _____ 대학교에 다닙니다.
▷지금 몇 학년입니까?
일 학년입니다.
▷무슨 요일에 학교에 갑니까?
월요일부터 금요일까지 평일에는 매일 학교에 갑니다.

第 **14** 課　用言の連体形・その1

> 大学の創立❶記念日の日❷です.
> もちろん❷本来❷は休む❹日です.
> しかし❸今日は授業日です.
> 学生会館で❺友だちに会います.
> そこで❺飲みもの❶を飲みます.

❶ 流音の鼻音化【発音変化】

終声/ㅁ/,　/ㄴ/,　/ㅇ/の後ろにラ行音が続くと/ㄹ/→/ㄴ/という変化が起こります.

㉮ 음료수 /음뇨수/	[名] 飲みもの, ソフトドリンク【飲料水】
㉯ 홈런 /홈넌/	[名] ホームラン
㉰ 정류장 /정뉴장/	[名] 停留所【停留場】
㉱ 창립 /창닙/	[名] 創立【創立】

先に学んだ 합니다《します》が /함니다/ と発音される変化は「口音＋鼻音」が「鼻音＋鼻音」になる**鼻音化**〔▶p.58〕という現象でした. 本項での「鼻音＋流音」が「鼻音＋鼻音」になる変化もやはり鼻音化です. 鼻音は「強い」子音なのでその他の子音はその影響を受けやすいのです.

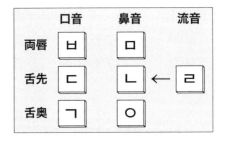

《参考》鼻音が「強い」子音なのは口と鼻の両方を使って音を出すからです. 鼻音のうちでも両唇を用いる音（つまりマ行音）が多くの言語で赤ちゃんにとってもっとも必要な2つ（おかあさんと食べ物）を指すのに用いられるのはいちばんマスターしやすい音だからでしょう.

ところで, たとえば 공부《勉強》や 운동《運動》のようにひびく終声に続く平音 ㄱ, ㄷ, ㅂ, ㅈ は音の出し方〔▶p.58〕が替わりませんが, そのかわりひびくという性質が平音 ㄱ, ㄷ, ㅂ, ㅈ に乗り移ります. それが濁るということなのです. これも一種の同化です.

ア, イは終声/ロ/, ウ, エは終声/ㅇ/の例です. 終声/ㄴ/の場合は, ２単語の境界あるいは合成語の各要素の境界でのみ鼻音化/ㄹ/→/ㄴ/が起こります. この条件が当てはまらない１単語の中などで終声/ㄴ/に初声/ㄹ/が続く場合には次項のルールが適用されます.

《参考》終声/ㄴ/に続く鼻音化/ㄹ/→/ㄴ/の例としては 부산 라디오《釜山ラジオ》が/부산나디오/, 무슨 라면?《何ラーメン?》が/무슨나면/と発音されるようなものがあります.

② 流音化【発音変化】

終声字ㄹにナ行音が続くか１単語などの中で終声字ㄴにラ行音が続く場合, /ㄴ/→/ㄹ/という変化が起こります. これを**流音化**といいます. この場合初声/ㄹ/も [r] ではなく [l] になり, ２つの子音は合わせて [ll] になります. [l] を長めに発音してください.

エ	원래 /월래/	[副] 本来, もともと【元来】
カ	연락 /열락/	[名] 連絡【連絡】
キ	한글날 /한글랄/	[名] ハングルの日〔韓国の祝日 (10月9日)〕
ク	물냉면 /물랭면/	[名] スープ冷麺【・冷麺】

14 02

《参考》合成語の境界とみなすかどうかの判断に個人差がありうる場合, たとえば 온라인《オンライン》などは/올라인/と/온나인/の両方の発音が認められます.

終声字と初声字の両者がもともとㄹの場合も発音は合わせて [ll] になります.

| ケ | 물론 | [副] もちろん【勿論】 |
| コ | 텔레비전 | [名] テレビ |

14 03

③ 激音化・その３【発音変化】

つまる終声/ㅂ/, /ㄷ/, /ㄱ/に初声字ㅎが続くと激音化が起きることを学びました〔▶p. 40, p.64〕. この順序が逆に, つまり終声字ㅎに平音字（もちろん対応する激音字をもつもの）が続いた場合にも激音化が起こります. ㅎ＋ㅂ＝/ㅍ/, ㅎ＋ㄷ＝/ㅌ/, ㅎ＋ㄱ＝/ㅋ/

のほか，ㅎ＋ㅈ＝/ㅊ/ のパターンもありえます．

---

⑭ 그렇지만 /그러치만/　　　　　[接] しかし，けれども，でも

《参考》 ㅎ＋ㅂ＝/ㅍ/ は実例が存在しません．また対応する激音字をもたない ㄴ などの子音字が初声字として激音字 ㅎ に続くと，ㅎ はルールどおりいったん /ㄷ/ とされ 〔▶p.36〕，必要に応じてさらに発音変化が起こります 〔▶p.58〕．未習の表現ですが，たとえば 그렇네 《そうだねえ》の2文字目は ㅎ→/ㄷ/→/ㄴ/ となるので，全体で /그런네/ と発音されます．

---

❹ 用言の連体形・その1

「飲むヨーグルト」のように名詞にかぶさる用言の形を **連体形** といいます．日本語では「ヨーグルトを飲む」のように連体形と終止形が同じ形ですが，朝鮮語では異なります．

連体形の語尾は -는 です．助詞 -는 《～は》とはたまたま形が同じだけで何の関係もないので混同しないようにしてください．連体形も終止形と同じく「～ている～」と進行形のように訳せる場合があります 〔▶p.29〕．

■**練習1**■　次の文を読み，日本語に訳してみましょう．

① 식사를 **하는** 방은 거기입니다.　② 주말에 항상 **만나는** 여자 친구입니다.

③ 우리가 **기다리는** 택시가 안 옵니다.　④ 신문 회관에 **가는** 버스가 어느 것입니까?

⑤ 창립 기념일은 원래 **쉬는** 날입니다.　⑥ 우리가 **배우는** 교과서는 물론 이것입니다.

⑦ 지금 **다니는** 대학교가 어디입니까?　⑧ 저기가 점심 도시락을 **사는** 편의점입니다.

시 회관　　　　　[名] 会館 【会館】

ス 기념일 /기녀밀/　　　　　[名] 記念日 【紀念日】

セ 쉬다　　　　　[動] 休む

---

⑤ 助詞「〜で」・その1

場所をあらわす「〜で」にあたる助詞は −에서 です. −에《〜に》と混同しやすいので気をつけましょう.

☑ −에서　　　　　　　　　[助] 〜で

■**練習2**■　次の文を読み, 日本語に訳してみましょう.

①오늘은 편의점**에서** 빵을 삽니다.　②학생 회관**에서** 음료수를 마십니다.
③우리 나라**에서**는 삼월에 대학교에 입학합니다.
④학교 앞 정류장**에서** 집에 가는 버스를 기다립니다.
⑤그렇지만 저는 텔레비전**에서**는 영화를 안 봅니다.

　《参考》가다《行く》は英語 go home《帰宅する》の go《行く》と同じく状況によって「帰る」の意味をもちます.

　−에서 が場所をあらわす代名詞 여기《ここ》, 거기《そこ》, 저기《あそこ》, 어디《どこ》に用いられる場合, 特に話しことばでは −서 という短縮形が広く用いられます.

☒ −서　　　　　　　　　[助] 〜で〔代名詞の後ろで〕

■**練習3**■　次の文を読み, 日本語に訳してみましょう.

①여기**서** 친구를 만납니다.　　②한국에 가는 비행기 표는 어디**서** 삽니까?
③저기**서** 커피를 마시는 사람이 제 오빠입니다.

대학교 창립 기념일 날입니다.
물론 원래는 쉬는 날입니다.
그렇지만 오늘은 수업 날입니다.
학생 회관에서 친구를 만납니다.
거기서 음료수를 마십니다.

第15課　子音語幹用言

> 昼ごはんの時間です．
> クラスの友だちと❹いっしょに❷学生食堂に行きます．
> 席を取ります❶．椅子にすわります❶．
> 午後にも授業があります❶．時間がありません❶．
> カップラーメン❸を食べます❶．

---

❶ 子音語幹用言

　今まで学んできた用言 하다《する》，사다《買う》，마시다《飲む》などはみな基本形の語幹が母音字で終わる（＝終声字がない）ものでした．しかし次に見るように，基本形の語幹が子音字で終わる（＝終声字がある）ものも少なくありません．これらの用言を**子音語幹用言**といいます．一方基本形の語幹が母音字で終わる用言を**母音語幹用言**といいます．

母音語幹用言　하다《する》　사다《買う》　　　子音語幹用言　먹다《食べる》　있다《ある，いる》

㉐ 먹다 /먹따/	[動] 食べる	
㉑ 잡다 /잡따/	[動] 取る，つかむ，つかまえる	
㉒ 있다 /읻따/	[存] ある，いる	
㉓ 없다 /업따/	[存] ない，いない	
㉔ 앉다 /안따/	[動] すわる	

　㉐〜㉔の語幹はそれぞれ /먹/，/잡/，/읻/，/업/，/안/ と読みます（앖，앉 の右側の終声字はここでは読みません）．㉐〜㉓の語幹の終声はつまる終声ですから語尾を /따/ と読むのは当然ですが，重要なのは㉔の /안/ の後ろでも /따/ と読むということです．このように**子音語幹用言の語幹の後ろは濁らない**（＝濃音で発音）という特別のルールがあります．

《参考》たとえば운동《運動》や감동《感動》（後者は未習ですが）の동が「ドン」となるように，ひびく終声に続く平音は濁るのが本来のルールです．ところが안다《抱く》や남다《残る》（これらも未習ですが）の語尾は「ダ」と濁りません．これが**終声字で終わる語幹とそれに続く初声字が隣り合わせになる場合にのみ適用される特別なルール**なのです．

子音語幹用言は「ですます形」語尾に－ㅂ니다，－ㅂ니까を用いることができません．終声字がふさがっているからです．そこで－습니다，－습니까という別の形を用います．

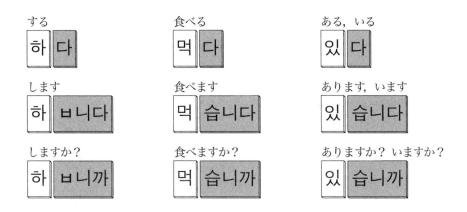

－습니다，－습니까は子音語幹用言の後ろでは（子音語幹用言にしかつきませんが）上のルールにしたがい/씀니다/，/씀니까/のように発音されます．

《参考》있습니다《います，あります》の発音は/읻/と/씀니다/をあわせた/읻씀니다/になりそうですが，そう発音するためにはいったん/읻/で音を止めなくてはなりません．それではスムーズに発音できないので，初声/ㅆ/につられて/잇씀니다/のように発音されます．これは「終声には/ㅅ/は存在しない」という7つの終声のルール〔▶p.36〕の例外中の例外です．

■**練習1**■ 次の単語の基本形と「ですます形」を朝鮮語で書いてみましょう．否定形に気をつけてください．

①取る／取ります／取りますか　　　②すわる／すわります／すわりますか

③食べる／食べます／食べません／食べますか／食べませんか

④ある／あります／ありません／ありますか／ありませんか

《参考》있다の否定形は없다です．안 있다とはふつういいません．있다と없다をいくつかの理由から動詞と切り離して**存在詞**とします．－이다は**指定詞**〔▶p.53〕なので，朝鮮語の用言は，動詞，形容詞（追って学びます），存在詞，指定詞の4つのグループに分かれます．

❷ 口蓋音化【発音変化】

終声字 ㄷ, ㅌ に 이 が続いて連音すると /디/, /티/ ではなく /지/, /치/ で発音されます.

⑦ 같이 /가치/　　　　　　　　[副] いっしょに　

《参考》끝《終わり》に助詞 −이《〜が》がつくと /끄티/ ではなく /끄치/ と発音されるわけです. 訓令式ローマ字で *ti* と書かれる音が「ティ」ではなく「チ」と発音されるのと似ています（ヘボン式ローマ字では *chi* と書きます）. ただしつづりがもともと 디, 티 である場合はそのまま発音します. 라디오《ラジオ》の発音は「ラヂオ」ではなく「ラディオ」です.

❸ 口音と流音の鼻音化【発音変化】

つまる終声, つまり口音 /ㅂ/, /ㄷ/, /ㄱ/ にマ行音, ナ行音つまり /ㅁ/, /ㄴ/ が続くと口音が鼻音化する現象を学びました〔▶p.58〕. 한국말《朝鮮語》や 합니다《します》などがその例で, それぞれ /한궁말/, /함니다/ と発音します.

一方, ひびく終声のうち鼻音 /ㅁ/, /ㄴ/, /ㅇ/ にラ行音が続くとラ行音がナ行音になるという鼻音化の現象も学びました（終声 /ㄴ/ の場合は条件が限られます〔▶p.69〕）. 음료수《飲み物》などがその例です. この２種類の鼻音化は, 口音と

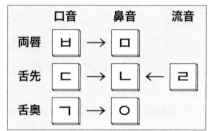

流音が「強い」子音である鼻音に引きずられて鼻音に染まってしまうということでした.

この２つの鼻音化が重なった現象があります. つまり口音の終声にラ行音が続くと, 口音とラ行音が同時に鼻音化するのです. 口音と流音という性質のかけ離れた音があいだをとってともに鼻音化するとでもいえばいいでしょう. 鼻音とはそれほど「強い」音なのです.

⑦ 컵라면 /컴나면/　　　　　　[名] カップラーメン【・・麺】　

❹ 助詞「〜と」・その１

「〜と」をあらわす助詞には母音字の後ろに用いる −와 と子音字の後ろに用いる −과 があります.

ヲ	―와		[助] ～と〔母音字の後ろで〕

15 05

ヶ	―과		[助] ～と〔子音字の後ろで〕

《参考》形が2つある助詞は，たとえば교과서를《教科書を》，사전을《辞書を》や교과서가《教科書が》，사전이《辞書が》のように初声が「空き」である方を終声字のある単語の後ろに用いることで，「空き」に前の文字の終声字が「初声」のように入り込むようになっていました．しかし「～と」はそうなっていません．교과서와《教科書と》，사전과《辞書と》がその例です．逆に覚えないよう十分に気をつけてください．

■**練習2**■　次の語句を朝鮮語で書き，発音してみましょう．それができたらこんどは2つの名詞の順序を逆にして書き，発音してみましょう．

15 06

　①雨と雪　　　　②木と花　　　　③名前と年齢　　　④机と椅子
　⑤日本と韓国　　⑥ソウルと平壌　⑦ごはんとおつゆ　⑧昼と夜

＊　＊　＊　＊　＊　＊　＊　＊　＊

　①「雨」〔▶p.26〕．　　　　　　　④「机」〔▶p.61〕，「椅子」〔▶p.45〕．
　⑥「平壌」〔▶p.52〕．　　　　　　⑧「昼」〔▶p.36〕，「夜」〔▶p.26〕．

■**練習3**■　次の文を読み，日本語に訳してみましょう．
　①오전**과** 오후에 수업이 있습니다.　　②수업에서는 항상 친구**와** 같이 앉습니다.
　③학교 옆 편의점에서 컵라면**과** 음료수를 삽니다.

ㅁ	오전		[名] 午前【午前】

15 08

ㅂ	오후		[名] 午後【午後】

점심 시간입니다.
반 친구와 같이 학생 식당에 갑니다.
자리를 잡습니다. 의자에 앉습니다.
오후에도 수업이 있습니다. 시간이 없습니다.
컵라면을 먹습니다.

15 09

1 外来語

　日本語の単語が和語，漢語，外来語の３種類に区別されるのと同じく，朝鮮語の単語にも同じ区別があり，和語にあたるものを**固有語**，漢語にあたるものを**漢字語**ということをお話ししました〔▶p.18〕．漢字語についてはコラム〔▶p.32–33〕も参照してください．

　ここでは**外来語**についてみてみましょう．漢字語も広い意味では外国語の要素からなる単語なのですが，これも日本語での場合と同じく，外来語あつかいしないのがふつうです．

　これまで学んだ以下の外来語は大部分が英語由来のものですが，*news* が濁らずに発音されること，ポルトガル語の *pão* が用いられることなどはおそらく日本語の影響でしょう．

コーヒー	커피	*coffee*	バス	버스	*bus*
セーター	스웨터	*sweater*	パン	빵	*pão*
タクシー	택시	*taxi*	ホームラン	홈런	*home run*
テレビ	텔레비전	*television*	ラジオ	라디오	*radio*
ニュース	뉴스	*news*			

　朝鮮語の母音数の多さはハングルのつづりに影響し，たとえば *taxi* と *television* の１音節目の母音字を ㅐ，ㅔ で区別するのは，前者は [æ] の，後者は [e] の反映です（かつて ㅐと ㅔ の音が区別されていたなごりです〔▶p.42〕）．またこれらの単語の初声が /ㄷ/ ではなく /ㅌ/ であるのは朝鮮人には /ㄷ/＝D，/ㅌ/＝T だと考えられているからです．同じことは /ㅂ/＝B，/ㅍ/＝P などについてもいえます．*bus* の１文字目の初声字が ㅂ であるのはそのためです．実際の清濁と関係なく平音はつねに濁音だと認識しているのです〔▶p.24〕．

　以下の外来語をクイズのつもりで対応する日本語を考えてみましょう．

15 10

㉮ 인터넷 /인터넫/	[名]
㉯ 핸드폰	[名]
㉰ 스마트폰	[名]
㉱ 노트북	[名]
㉲ 이메일	[名]

カ カ페	[名]
キ 마트	[名]
ク 쇼핑	[名]
ケ 호텔	[名]
コ 아파트	[名]
サ 엘리베이터	[名]
シ 프로그램	[名]
ス 드라마	[名]
セ 댄스	[名]
ソ 기타	[名]
タ 팀	[名]
チ 볼펜	[名]
ツ 리포트	[名]
テ 아르바이트	[名]

2 外国地名

地名についてもどこのことか考えてみましょう.

ト 유럽	[名]
ナ 프랑스	[名]
ニ 러시아	[名]
ヌ 베트남	[名]
ネ 캐나다	[名]

15 11

第16課　複数の用言をつなぐ

　3限は朝鮮語の授業です．
私はこの授業が<u>いちばん好きです</u>❶．
友だちといっしょにエレベーターに<u>乗って</u>❶❷教室に行きます．
かばんを机の<u>上に</u>❷<u>置いて</u>❷椅子に<u>すわります</u>❸．
まず教科書を<u>読んで</u>❷❸その次に単語テストを受けます．
答案用紙を<u>受け取って</u>❷先生の発音をよく聞きます．

---

❶ 動詞と助詞の結びつき・その1

　만나다《会う》が名詞と結びつく際に，朝鮮語ではたとえば 친구를 만나다《友だちに会う》のように助詞「〜を」を用いて名詞と結びつくことを学んでいます〔▶p.30〕．このように動詞と助詞の結びつきが日本語と異なる例がほかにもあります．日本語と異なり朝鮮語では「〜を」を用いる例をいくつかあげておきましょう．

㋐	타다	［動］乗る
㋑	좋아하다 /조아하다/	［動］好きだ，喜ぶ
㋒	이기다	［動］勝つ

　《参考》終声字 ㅎ は続く初声字が ㅇ の場合連音せずに消えてしまいます．ないものと思って発音しなければそれでけっこうです．

■練習1■　次の文を読み，日本語に訳してみましょう．

① 일요일에 그 친구**를 만납니다**．　　② 저는 자전거**를** 거의 **안 탑니다**．
③ 다음에도 우리 팀이 **이깁니다**!　　④ 여름**을 이기는** 음식은 무엇이 있습니까?
⑤ 저는 한국 댄스 음악**을 좋아합니다**. 제일 **좋아하는** 노래는 이것입니다.

　《参考》動詞と助詞は 여행을 좋아하다《旅行が好きだ》, 중국을 이기다《中国に勝つ》, 버스를 타다《バスに乗る》のように結びつきます．좋아하다, 이기다はそれぞれ「〜を好

む，〜を負かす」と解釈すれば日本語の「〜を」に対応しますが，日本語を直訳した여행이 좋아하다，버스에 타다にはなりません．중국에 이기다は可能なようで，また電車の何輛目に乗る，などという場合は−에も使うようですが，この３つの動詞はいずれも「〜を」を用いると今のところは覚えてください（좋아하다《喜ぶ》は日本語でも「〜を」を用います）．

ただし여행은 좋아하다《旅行は好きだ》，여행도 좋아하다《旅行も好きだ》のような形は可能です．また우리가 좋아하는 여행《私たちが好きな旅行》のような連体形にあらわれる「〜が」は여행《旅行》と좋아하다《好きだ》の関係ではないので影響を受けません．

❷ 接続形「〜して」・その１

「食べて行く」の「〜して」のように複数の用言を並べて用いる場合，基本形の語尾−다を−고に取り替えることであらわします．たとえば먹다《食べる》は먹고《食べて》となり，文脈によって「食べて」のほかに「食べ，食べるし」などと訳すこともできます．

《参考》このように文の途中に来る形（句読点を打つとすれば「，」を打つべき形）を**接続形**といいます．それに対して−ㅂ니다や−ㅂ니까などのように文の最後に来る形（「．」や「？」などをつけるべき形）を**終止形**といいます．

■**練習２**■ 次の文を読み，日本語に訳してみましょう．
16 03
①아침에는 항상 카페에서 커피를 **마시고** 빵을 먹습니다.
②자리를 **잡고** 친구를 기다립니다.　　③점심을 **먹고** 그 다음에 교실에 갑니다.
④저는 음악 프로그램은 텔레비전은 거의 **안 보고** 라디오를 잘 듣습니다.
⑤이 교시에는 영어를 **배우고** 삼 교시에는 한국말을 배웁니다.

ㅌ	잘	[副] よく，うまく
ㅍ	듣다 /듣따/	[動] 聞く，（授業を）取る
ㅎ	교시	[名] 〜限，〜時間目【校時】

16 04

■**練習3**■ 次の文を朝鮮語で書いてみましょう.

①お酒を**飲んで**歌を歌います.　　②エレベーターに**乗って**学生食堂に行きます.

③日本では冬に雪も**降り**雨も降ります.　④机の上にかばんを**置いて**椅子にすわります.

⑤今年から私は東京で大学に**かよっており**兄はソウルで大学院にかよっています.

⑥まず答案用紙を**受け取って**先生の発音をよく聞きます.

⑦授業を終わりまでよく**聞いて**また単語テストも受けます.

＊　＊　＊　＊　＊　＊　＊　＊　＊

①「歌う」は「する」であらわします〔▶p.28〕.

②「エレベーター」〔▶p.77〕.

③「冬」〔▶p.25〕.「降る」は「来る」であらわします〔▶p.65〕.

④「上」〔▶p.44〕,「かばん」〔▶p.26〕.

⑤「今年」〔▶p.52〕.

⑦「また」〔▶p.47〕.「受ける」は「見る」であらわします〔▶p.28〕.

キ 놓다 /노타/	[動] 置く	
ク 먼저	[副] まず	
ク 답안지 /다반지/	[名] 答案用紙【答案紙】	
コ 받다 /받따/	[動] 受け取る	
サ 발음 /바름/	[名] 発音【発音】	
シ 단어 /다너/	[名] 単語【単語】	

《**参考**》놓다《置く》は激音化〔▶p.69-70〕して /노타/ と発音されます. 語尾を取り替えた 놓고《置いて》も /노코/ となります. 子音語幹用言の語幹の後ろは濁らない（＝濃音で発音）という前課で学んだルール〔▶p.72〕よりも激音化のルールが優先的に適用されます.

3 二重終声字をもつ子音語幹用言

前課で二重終声字をもつ子音語幹用言, 없다《ない, いない》と 앉다《すわる》を学びました. これら基本形の語幹はそれぞれ/업/, /안/ と読まれ, 右側の終声字 ㅅ, ㅈ は読まれません〔▶p.72〕. 語尾が－습니다, －습니까に替わってもやはり語幹の後ろは濃音で発音されるので, それぞれの「ですます形」である 없습니다《ありません, いません》と 앉습니다《すわります》は /업씀니다/, /안씀니다/ と読まれます〔▶p.72-73〕.

《参考》앉습니다《すわります》の/안/に続く語尾が/씀니다/となるのは前課で見たとおり子音語幹用言の語幹のみに適用される特別なルールです〔▶p.73〕. /ㄴ/などひびく終声に続く初声/ㅅ/が濃音化する音声的な理由はないからです. たとえば인사《あいさつ》の/ㄴ/に続く初声/ㅅ/がつづりどおり発音されるのをみればそれがわかります.

前項で学んだ語尾－고でも同じように濃音化が起こります.

■**練習4**■ 次の文を読み，日本語に訳してみましょう.
①오늘은 한국어 시험은 **없고** 영어 시험만 있습니다.
②교실에서는 저는 항상 왼쪽 자리에 **앉고** 친구는 항상 오른쪽 자리에 **앉습니다.**
③저는 방에서 한국어 교과서를 **읽고** 오빠는 영어 책을 **읽습니다.**

ㅈ 읽다 /익따/　　　　　　　[動] 読む

《参考》二重終声字のどちらの子音字を読むかはその組み合わせごとに決まっていて，用言と体言の区別は一部の例外を除きありません. たとえば값《値段》と없다《ない，いない》はいずれも終声字ㅂのみを読み，連音する際にㅂは残りㅅだけが次の文字の「初声」になるのが原則です〔▶p.61〕（用言も連音することがあります. 第19課以降で学びます）.
　一方닭《鶏》と읽다《読む》は終声字ㄱのみを読むのでそれぞれ/닥/，/익따/となり，連音する際にはㄹは残りㄱだけが次の文字の「初声」になります〔▶p.61〕. ところが읽다には特別なルールがあり，읽の次に初声字ㄱで始まる要素が続くときに限り/익/ではなく左側の終声字ㄹのみを読んで/일/となるのです. そのため읽고《読んで》は/익꼬/ではなく/일꼬/と発音されます. ひびく終声/ㄹ/に続く語尾－고が濁らない（＝濃音化する）のは읽다が子音語幹用言だからです〔▶p.73〕.

삼 교시는 한국어 수업입니다.
저는 이 수업을 제일 좋아합니다.
친구와 같이 엘리베이터를 타고 교실에 갑니다.
가방을 책상 위에 놓고 의자에 앉습니다.
먼저 교과서를 읽고 그 다음에 단어 시험을 봅니다.
답안지를 받고 선생님 발음을 잘 듣습니다.

第**17**課　用言の連体形・その2

水曜日と**❹**木曜日にはアルバイトをします．
私は**❶**コンビニで働いています**❷**．
私には**❶**とても楽しい**❸**アルバイトです**❺**．
今日は木曜日です**❺**．　アルバイトがある**❸**日です**❺**．
私が**❶**働いている**❷❸**コンビニは学校のとなりにあります．

❶ 1人称代名詞と助詞

　日本語は名詞に助詞をつけて文中での名詞の役割を示すので，英語 *I，my，me*《私は，私の，私を》のような不規則な形はありません．朝鮮語も基本的に日本語と同じですが，いわゆる所有格に 제《私の》が用いられることを学んでいます〔▶p.42〕．つまり上の英語の例に合わせれば 저는，제，저를《私は，私の，私を》となるわけです．
　朝鮮語の「私」にはほかにも不規則な形があります．「私が」を 저가 ではなく 제가 といいます．これは「私のが」ではありません．また「私に」は限られた場合を除いて 저에 ではなく 저에게 という形を用います．話しことばでは 저한테 といいます．
　実は －에게 と －한테 は「私」だけではなく人と動物を示す名詞すべてに用いられます．「友だちに」は 친구에게 あるいは話しことばで 친구한테 となるわけです．ただし 친구를 만나다《友だちに会う》などの結びつきは替わりません〔▶p.78〕．

㉠	제	［代］私の，自分の〈既習〉
㉡	제가	［代＋助］私が，自分が
㉢	－에게	［助］〜に〔人や動物に〕
㉣	－한테	［助］〜に〔人や動物に；話しことば〕

■**練習1**■　次の文を読み，日本語に訳してみましょう．

①**제** 일은 **제가** 합니다.　　②**저에게**는 동생이 하나 있습니다.

③어머니**에게** 요리를 배웁니다.　④남자 친구**한테** 거의 매일 전화합니다.

② 動詞の進行形

「ですます形」語尾 −ㅂ니다《〜ます》と −ㅂ니까《〜ますか》は進行形の意味を含むと学んでいます〔▶p.29, p.57〕. 子音語幹用言につく −습니다, −습니까〔▶p.73〕も同じです. これらは日本語の「〜ています, 〜ていますか」に相当することがあるのです.

ただし朝鮮語にも進行形は存在します〔▶p.29〕. 日本語の進行形が「〜て」と「いる」からできているのと同じく, 朝鮮語の進行形は −고 と 있다 を組み合わせて作ります.

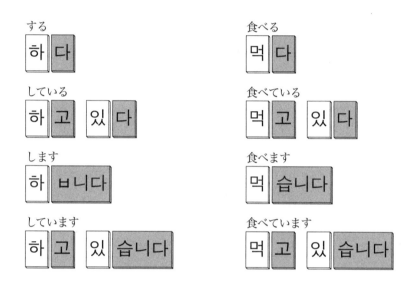

−고 있다 は動作が進行中であることを強調する場合などに用いられます. 日本語「〜ている」ほど多くは用いられません. 進行形にしなくても「〜ている」の意味は状況によって伝わるからです. また一定期間くりかえし行なわれる動作をあらわせるのも日本語「〜ている」と同じです.

■練習2■ 次の文を読み, 日本語に訳してみましょう.

①아이가 우유를 **마시고 있습니다**.　②방에서 텔레비전 드라마를 **보고 있습니다**.

③누나는 한국에서 **일하고 있습니다**.　④친구가 지금 우리 집에 **오고 있습니다**.

㋒ 일하다 /이라다/　　　　　　　［動］働く

《参考》日本語の「〜ている」は動作が終わった状態をあらわせますが(「財布が落ちている, 椅子にすわっている, 虫が死んでいる」など), 朝鮮語の −고 있다 は動作が進行中(くりかえし行なわれる動作を含む)であることをあらわすと今のところは理解してください.

❸ 用言の連体形・その2

前回学んだ用言の連体形は母音語幹用言につくものでした〔▶p.70〕．今回は子音語幹用言の連体形を学びますが，語尾は母音語幹用言の場合と同じで−는がつきます．

《参考》連体形は助詞−는/−은《〜は》とは無関係です〔▶p.70〕．これら子音語幹用言の連体形の語尾が−은になるわけではありません．母音語幹用言と同じく−는がつきます．

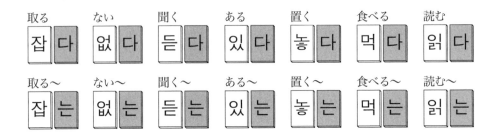

上の用言の語幹の終声はつまる終声〔▶p.37〕です．語幹のみの実際の発音は，7つの終声〔▶p.36〕のルールにより左から /잡/, /업/, /듣/, /읻/, /녿/, /먹/, /익/ となります．

語尾−는はナ行音ですから語幹の終声はすべて鼻音化し〔▶p.58〕，これらを /는/ と合わせて発音表記すると左から /잡＋는/→/잠는/, /업＋는/→/엄는/, /듣＋는/→/든는/, /읻＋는/→/인는/, /녿＋는/→/논는/, /먹＋는/→/멍는/, /익＋는/→/잉는/ となります．

《参考》つまる終声を発音した状態で鼻から息を抜いてみると /ㅂ/→/ㅁ/, /ㄷ/→/ㄴ/, /ㄱ/→/ㅇ/ となり，音の出る位置〔▶p.58〕がそれぞれ同じであることが実感できるでしょう．ここでの鼻音化とは終声の「つまる」段階をとばして発音することをいうわけです．

■**練習3**■ 次の文を読み，日本語に訳してみましょう．
① 그 수업은 아주 **재미있는** 수업입니다. ― **재미없는** 수업도 있습니까?
② 제일 잘 **먹는** 라면이 무엇입니까?　③ 지금 **듣고 있는** 노래도 한국 노래입니까?
④ 제가 아르바이트가 **있는** 날입니다.　⑤ 시험이 **없는** 수업은 리포트가 있습니다.

カ	아주	[副] とても
キ	재미있다 /재미읻따/	[存] おもしろい，楽しい
ク	재미없다 /재미업따/	[存] つまらない

❹ 助詞「〜と」・その2

「〜と」をあらわす助詞 −와/−과〔▶p.74-75〕には話しことばに用いられる −하고 という形が別にあります．母音字の後ろでも子音字の後ろでも形は同じです．

ㅋ −하고　　　　　　　　　　　[助] 〜と〔話しことば〕

■練習4■　第15課の練習2を助詞を話しことば形に替えて発音してみましょう．

《参考》子音字で終わる単語の後ろでの発音に気をつけましょう．③④⑤⑥で初声/ㅎ/が消え，これらのうち④以外は終声が初声のように発音されます〔▶p.52〕．また⑦⑧では激音化が起こります〔▶p.40〕．特に⑧の激音化に注意してください〔▶p.64〕．名詞の順序を逆にした場合についてはノーヒントとしておきましょう．

❺ 連音しない指定詞の発音

指定詞 −이다《〜だ，〜である》の「ですます形」−입니다《〜です》と −입니까《〜ですか》は母音で終わる（＝終声字のない）単語の後ろにつくと /이/ が発音されないことがあります．たとえば 책입니다《本です》はかならず /채김니다/ であって /이/ が省略されることはありえませんが，교과서입니다《教科書です》は /교과서임니다/ よりも /교과섬니다/ の方が日常的な会話ではむしろふつうです．言い換えれば連音しない場合に /이/ が発音されないことが少なくないということです．ただし表記上は 이 を省略しません．

■練習5■　次の文を読み，日本語に訳してみましょう．
①지금 배우는 외국어는 영어**입니까?**　②이것이 제가 항상 잘 듣는 노래**입니다.**

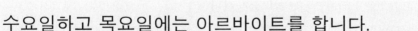
수요일하고 목요일에는 아르바이트를 합니다.
저는 편의점에서 일하고 있습니다.
저에게는 아주 재미있는 아르바이트입니다.
오늘은 목요일입니다. 아르바이트가 있는 날입니다.
제가 일하고 있는 편의점은 학교 옆에 있습니다.

第18課　固有数字とその単位

働く時間は1日に<u>4時間</u>**❶**です.
午後<u>5時</u>**❷**から<u>9時</u>**❷**までいっしょうけんめい働きます.
<u>そこから</u>**❸**家<u>まで</u>**❸**電車に乗って<u>40分</u>**❷**かかります.
電車を<u>2回</u>**❶**乗り換えて<u>10時</u>**❷**に家に着きます.
晩ごはんを食べてテレビを見て<u>12時</u>**❷**に寝ます.

---

❶ 固有数字とその単位

「1枚，2枚〜」や「1皿，2皿〜」と数えるときの「〜枚」や「〜皿」にあたる単位が朝鮮語にもあります. ところで，すでに学んだ「〜月，〜日，〜限，〜年生，〜ウォン」などの単位は漢数字〔▶p.23〕と組み合わせますが，ここでは固有数字〔▶p.49〕と組み合わせて用いる単位を学びます.

《参考》日本語でも「〜枚」の前では「いち，に」となり，「〜皿」の前では「ひと，ふた」となるように，漢数字と固有数字を使い分けますね.

㉮	개	[名] 〜個【個】
㉯	명	[名] 〜人，〜名【名】
㉰	번	[名] 〜回，〜度【番】

固有数字とその単位を組み合わせる場合，하나《1つ》，둘《2つ》，셋《3つ》，넷《4つ》は最後の母音字または子音字が消え 한，두，세，네 となります (하나は ㅏ をとると 하ㄴ になってしまうので 한 と書きます).

たとえば 한 개《1個》，두 명《2人》，세 번《3回》のようになります. 다섯《5つ》以上の場合はたとえば 여섯 개《6個》のように数詞そのものの形は替わりません.

㉱	한	[数] ひと〜

- 86 -

オ	두		[数] ふた〜
カ	세		[数] み〜
キ	네		[数] よ〜

「〜個」	한 개	두 개	세 개	네 개	다섯 개
	여섯 개	일곱 개	여덟 개	아홉 개	열 개
「〜人」	한 명	두 명	세 명	네 명	다섯 명
	여섯 명	일곱 명	여덟 명	아홉 명	열 명
「〜回」	한 번	두 번	세 번	네 번	다섯 번
	여섯 번	일곱 번	여덟 번	아홉 번	열 번
「〜時間」	한 시간	두 시간	세 시간	네 시간	다섯 시간
	여섯 시간	일곱 시간	여덟 시간	아홉 시간	열 시간

《参考》다섯, 여섯, 일곱, 아홉 はつまる終声ですからマ行音である 명 の前では鼻音化が起こり〔▶p.58〕, これらの後で 개, 번, 시간の初声は濃音化します〔▶p.60〕. また次に助詞が続く場合を除き**終声が /ㄹ/ である固有数字の次の文字の初声は濃音で発音する**という一種の読みくせがあります.

■**練習1**■　次の文を読み, 日本語に訳してみましょう.

①하루에 **몇 시간** 잡니까? ― **일곱 시간** 잡니다.

②지금 교실에 학생이 **몇 명** 있습니까? ― **아홉 명** 있습니다.

③서울까지 **몇 시간** 걸립니까? ― 비행기를 타고 **세 시간** 걸립니다.

④박물관에 가는 버스는 하루에 **네 번** 있습니다.

⑤거기에 도시락이 **다섯 개** 있습니다.　⑥지하철을 **두 번** 갈아타고 학교에 갑니다.

ク	하루	[名] 一日 (いちにち)
ケ	자다	[動] 寝る, 眠る
コ	걸리다	[動] かかる
サ	갈아타다 /가라타다/	[動] 乗り換える

2 時間の表現

　朝鮮語では「～時間」と同じく「～時」も固有数字を用いてあらわします．ただし「～分」は日本語と同じく漢数字と組み合わせます．

ㅈ 시	[名] ～時【時】
ㅈ 분	[名] ～分【分】

　固有数字の11，12はそれぞれ열 하나，열 둘といいます．前者は連音して /여라나/ と発音され，後者は濃音化して /열뚤/ と発音されます〔▶p.87〕．また「～時」に限らず単位の前でそれぞれ열 한，열 두となるのは하나，둘の場合と同じです．

「～時」	한 시	두 시	세 시	네 시	다섯 시
	여섯 시	일곱 시	여덟 시	아홉 시	열 시
	열 한 시	열 두 시			
「～分」	일 분	이 분	삼 분	사 분	오 분
	육 분	칠 분	팔 분	구 분	십 분
	십일 분	십이 분	십삼 분	십사 분	십오 분
	십육 분	이십 분	이십일 분	삼십 분	사십 분
	오십 분	오십이 분	오십오 분	오십팔 분	오십구 분

■**練習2**■　朝鮮語で～時～分と言ってみましょう．また朝鮮語で～時～分と発音されるのを聞き取ってみましょう．

■**練習3**■　次の文を読み，日本語に訳してみましょう．
　①서울에 **몇 시**에 도착합니까? — **여덟 시 오십 분**에 도착합니다.
　②**몇 시**에 자고 **몇 시**에 일어납니까? — **열 한 시**에 자고 **여섯 시**에 일어납니다.

ㅌ 도착하다 /도차카다/	[動] 着く【到着・・】
ㅍ 일어나다 /이러나다/	[動] 起きる

❸ 助詞「～から，～まで」・その2

　「～から，～まで」をあらわす助詞はすでに学びましたが〔▶p.66〕，朝鮮語では空間をあらわす場合（例：東京から名古屋まで）「～から」に−에서 を用います．時間をあらわす場合（例：月曜日から金曜日まで）に−부터 を用いるのとは区別されるわけです．

㉢	−에서	［助］～から

㉣	−서	［助］～から〔代名詞の後ろで〕

　　《参考》−에서 には「～から」のほか「～で」の意味もあります〔▶p.71〕．代名詞の後ろで−서 となることがあるのは「～で」の場合と同じです．なお「～まで」は時間の場合と空間の場合の区別なく−까지 を用います．

■**練習4**■　次の文を朝鮮語で書いてみましょう．
　①来年は2月が29日まであります．　　②東京から名古屋まで1時間40分かかります．
　③ここからホテルまで地下鉄に乗って行きます．
　④月曜日から金曜日まで大学でいっしょうけんめい勉強します．
　　　　　　　　＊　　＊　　＊　　＊　　＊　　＊　　＊　　＊　　＊
　　①「来年」〔▶p.43〕．　　　　　　　③「ホテル」〔▶p.77〕．

㉤	열심히 /열씨미/	［副］いっしょうけんめい，熱心に【熱心・】

　　《参考》漢字語で終声字 ㄹ の次の初声字が ㄷ，ㅅ，ㅈ である場合，これらの子音は濃音で発音されます．数字の 칠십《七十》，팔십《八十》は /칠씹/，/팔씹/ と発音されるわけです．

일하는 시간은 하루에 네 시간입니다.
오후 다섯 시부터 아홉 시까지 열심히 일합니다.
거기서 집까지 전철을 타고 사십 분 걸립니다.
전철을 두 번 갈아타고 열 시에 집에 도착합니다.
저녁을 먹고 텔레비전을 보고 열 두 시에 잡니다.

第19課　過去形・その1

> 土曜日にクラスの友人たちと野球場に行きました**24**.
> その日は2限まで授業がありました**14**.
> それで時間が遅くなりました**14**.　すぐ友人に連絡しました**34**.
> 学校の前でタクシーをつかまえました**14**.
> タクシーに乗って1時に野球場に着きました**34**.
> チケット売り場で友人たちが待っていました**145**.

❶ 過去形（子音語幹用言）

　朝鮮語では語幹と語尾の間に**別の要素を挟む**ことで過去形を作ります．その際に**語幹の形が替わる**ことに注意が必要です．たとえば먹다《食べる》の基本形の語幹は먹ですが，過去形では먹어が語幹です．**基本形の語幹とは別に過去形に用いる語幹がある**のです．

　基本形の語幹に어を加えたものが過去形に用いる語幹です．そして過去をあらわす要素－ㅆ－を続けます．この要素は終声字のみからなるので어の終声字として書き，たとえば먹었다《食べた》などとなります．他の用言でも過去形に用いる語幹を作ってみましょう．

　《参考》上記の過去形に用いる語幹먹어，있어，읽어はそれぞれ/머거/，/이써/，/일거/と読みます〔▶p.56, p.61〕．特に二重終声字の連音のルール（左の終声字は残り右の終声字が連音する）は用言では厳格に守られ，/이러/，/이거/のような発音には絶対になりません．

　基本形の語幹の最後の母音字が陽母音〔▶p.44〕ㅏまたはㅗである場合아を加えます．

잡 ☞ 잡아　　　앉 ☞ 앉아　　　놓 ☞ 놓아

《参考》過去形に用いる語幹 잡아, 앉아, 놓아 はそれぞれ /자바/, /안자/, /노아/ と読みます. 놓아が/노하/にならないのは終声字 ㅎ が連音しない〔▶p.78〕からです.

■**練習1**■　次の単語の基本形と過去形を（「ですます形」にはせずに）朝鮮語で書いてみましょう.

①食べる／食べた　　　②ある／あった　　　③ない／なかった
④読む／読んだ　　　　⑤取る／取った　　　⑥すわる／すわった
⑦置く／置いた　　　　⑧遅れる／遅れた　　　⑨受け取る／受け取った

| ㉾ 늦다 /늗따/ | [動] 遅れる, 遅くなる | |

❷ 過去形（母音語幹用言・その１）

　母音語幹用言でも考え方は同じです. ここではまず基本形の語幹が ㅏ で終わる 가다《行く》, 사다《買う》などについてみることにしましょう.

　ㅏ は陽母音ですから後ろに 아 を加えます. 가 は 가아, 사 は 사아 となりますが, このようにして [kaa], [saa] のように同じ母音が重なると片方は消えてしまうというルールがあります. **見かけ上は基本形の語幹と過去形に用いる語幹は同じ形になる**のです.

가 ☞ 가아 ☞ 가　　　　사 ☞ 사아 ☞ 사

《参考》この現象は基本形の語幹の最後の母音 ㅏ と加える母音 ㅏ が重なって見えなくなるとも解釈できるでしょう. ただし基本形の語幹と過去形に用いる語幹は文法的には別のものです. 英語にも *cut*《切る》や *put*《置く》など不規則動詞で原形と過去形が同じ形になるものがありますね（朝鮮語では「ルール」であって不規則用言ではありません）.

■**練習2**■　次の単語の基本形と過去形を（「ですます形」にはせずに）朝鮮語で書いてみましょう.

①寝る／寝た　　　　②買う／買った　　　③行く／行った
④乗る／乗った　　　⑤会う／会った　　　⑥起きる／起きた

3 過去形（不規則用言）

　朝鮮語にも**不規則用言**があります（前項の가다《行く》などは不規則用言ではなくルールにもとづく形の変化です）．하다《する》は基本形の語幹が ㅏ で終わっていますが，過去形に用いる語幹は 하 ではなく 해 です．既習の用言では 듣다《聞く》も不規則用言です．

　《参考》하다以外に 일하다《働く》など 하다を含むすべての用言は同じパターンの変化をします．これらを**ハダ不規則用言**と呼ぶことにします．

■**練習3**■　次の単語の基本形と過去形を（「ですます形」にはせずに）朝鮮語で書いてみましょう．

　①する／した　　　　　　　　　②聞く／聞いた
　③着く／着いた　　　　　　　　④連絡する／連絡した

　　　　　　＊　＊　＊　＊　＊　＊　＊　＊

　④「連絡」〔▶p.69〕．

4 過去形の「ですます形」

　現在形も過去形も「ですます形」の作り方の原理は同じです．－ㅂ니다，－ㅂ니까の使用が可能であればこちらを，終声字がふさがっていて－ㅂ니다，－ㅂ니까を用いることができなければ－습니다，－습니까を用います〔▶p.73〕．過去形ではすべての用言に－ㅆ－が用いられるので，結果として－습니다，－습니까のみが用いられるわけです．

　《参考》過去をあらわす－ㅆ－を**補助語幹**といいます．一種のオプションで，広い意味ではその名のとおり語幹に含まれます．補助語幹を含まない 먹や 먹어などの語幹を**基本語幹**といい，먹었のように補助語幹を含む語幹を**拡大語幹**といいます．

また今後学ぶいくつかの拡大語幹のうち **먹었** を**過去語幹**といいます. 本書では特に断らない限りただ語幹と呼ぶ場合は基本語幹の意味で用います.

■**練習4**■ 練習1, 2, 3の用言を現在形と過去形で「ですます形」にしてみましょう.

5 過去形の進行形

進行形〔▶p.83〕を過去形にするには, −고 있다《～ている》の 있다《いる》を過去形にして−고 있었다《～ていた》とすればよいのです. 「ですます形」の平叙形, 疑問形の作り方もルールどおりです. 「～ていました」ならば−고 있었습니다 となるわけです.

■**練習5**■ 次の文を読み, 日本語に訳してみましょう.
①그래서 저는 그 여자 친구를 거의 매일 **만나고 있었습니다.**
②야구장 표 사는 곳에서 친구들이 저를 **기다리고 있었습니다.**

㉠ 그래서	[接] それで	
㉢ 야구	[名] 野球【野球】	
㉣ 야구장	[名] 野球場【野球場】	
㉤ 곳 /곧/	[名] ところ	
㉥ 표 사는 곳 /표사는곧/	[名] きっぷ売り場, チケット売り場【票・・・】	
㉦ −들	[尾] ～たち	

토요일에 반 친구들하고 야구장에 갔습니다.
그 날은 이 교시까지 수업이 있었습니다.
그래서 시간이 늦었습니다. 곧 친구한테 연락했습니다.
학교 앞에서 택시를 잡았습니다.
택시를 타고 한 시에 야구장에 도착했습니다.
표 사는 곳에서 친구들이 기다리고 있었습니다.

第 20 課　過去形・その２

> チケットは友人が<u>くれました</u>❶.
> 野球場にはうちの学校の学生たちがたくさん<u>来ました</u>❶.
> ＊　　　＊　　　＊　　　＊
> うちの学校の選手がホームランを<u>打ちました</u>❷.
> 私たちみんながとても喜びました.
> 選手たちが活躍する姿をたくさん<u>見ました</u>❶.
> 試合は私たちのチームが<u>勝ちました</u>❷.
> とても面白い試合<u>でした</u>❸.

❶ 過去形（母音語幹用言・その２）

　前課では子音語幹用言のほか，母音語幹用言の一部（基本形の語幹が母音字ㅏで終わるもの）について，過去形に用いる語幹の作り方を学びました．本課では母音語幹用言のうち，基本形の語幹がㅏ以外の母音字で終わるものについて学びます．

　오다《来る》は基本形の語幹が陽母音ㅗで終わるので後ろにㅏを加えます〔▶p.90〕．過去形に用いる語幹は오아になるはずですが，子音字ㅇは音をもたないので実質的には/ㅗ/と/ㅏ/の組み合わせになり，この２つの母音は合わせて合成母音字ㅘを作ることができます．このような場合，１文字に縮まったㅘが過去形に用いる語幹となるのです．
　배우다《習う》は基本形の語幹が우で終わるので後ろに어を加えます．/ㅜ/と/ㅓ/の組み合わせを合成母音字ㅝで表記できることから，過去形に用いる語幹は배워となります．
　それぞれ오아，배우어という形は決して用いられないことに気をつけてください．

| 오 | ☞ | 오아 | ☞ | 와 |　　　| 배우 | ☞ | 배우어 | ☞ | 배워 |

　보다《見る》と ㄹ 주다《くれる》も上記오다《来る》，배우다《学ぶ》と同じ考え方から過去形に用いる語幹はそれぞれ봐, 줘となります．

　ただし，基本形の語幹の母音字が ㅗ，ㅜ で終わっていても子音字が ㅇ ではない場合，言い換えれば具体的に子音をもつ場合（보다は/ㅂ/，주다は/ㅈ/）はかならずしも合成母音字を用いて字数を縮める必要はなく，주어，보아のままでもかまいません.

---

⑦ 주다　　　　　　　　　　　　　　[動] やる，あげる，もらう，くれる　　

 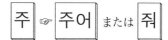

　《参考》 보다《見る》と 주다《くれる》には過去形に用いる語幹が2つずつ存在するわけですが，書きことばには2文字のままで縮まらない形が用いられ，話しことばには1文字に縮まった形が用いられる傾向があるようです.

■ **練習1** ■　次の単語の基本形と「ですます形」を朝鮮語で書いてみましょう.　
①来る／来ます／来ました／来ましたか／来ませんでした
②くれる／くれます／くれました／くれましたか／くれませんでした
③見る／見ます／見ました／見ましたか／見ませんでした
④習う／習います／習いました／習いましたか／習いませんでした

---

❷ 過去形（母音語幹用言・その3）

　次に 다니다《通う》や 걸리다《かかる》のように基本形の語幹が母音字 ㅣ で終わる用言を見ましょう. ルールどおり 어 を加えるのですが，ㅣと 어 を合わせて ㅕ と書きます. 다니어，걸리어のような形は用いられませんので気をつけてください.

다니 ☞ 다니어 ☞ 다녀　　　걸리 ☞ 걸리어 ☞ 걸려

　《参考》 このルールは母音語幹用言で ㅣ と 어 がじかに隣り合っている場合にのみ適用されます. 읽다《読む》の過去形に用いる語幹が 읽어 になるわけではありません.
　ㅣと ㅕ が縮まって ㅕ になる（ローマ字では I＋O＝YO）のは，「イ」の音と「ヤ行音から母音を除いた音」（ローマ字ではそれぞれ I と Y）がほとんど同じ音だからです. 「ア，イ，ウ，エ，オ」をヤ行音にすると「ヤ，イ，ユ，イェ，ヨ」となって，ア行もヤ行も「イ」の音はほとんど同じであることが確かめられるでしょう.

■**練習2**■　次の単語の基本形と「ですます形」を朝鮮語で書いてみましょう.

①飲む／飲みます／飲みました／飲みましたか／飲みませんでした

②待つ／待ちます／待ちました／待ちましたか／待ちませんでした

③打つ／打ちます／打ちました　　④かよう／かよいます／かよいました

⑤勝つ／勝ちます／勝ちました　　⑥かかる／かかります／かかりました

☑ 치다　　　　　　　　　　　　[動] 打つ，（楽器を）弾く

---

❸ 指定詞の過去形

　−이다《〜だ，〜である》は基本形の語幹が母音字 ㅣ で終わる母音語幹用言なので，過去形に用いる語幹はやはり 1 文字に縮まって −여 となります．ただし子音字で終わる（＝終声字のある）名詞に続く場合には 1 文字に縮まらず −이어 のままとなります．

終声字のない名詞の後ろ 　　　終声字のある名詞の後ろ

■**練習3**■　次の文を読み，日本語に訳してみましょう.

①점심 반찬은 김치찌개**였습니다.**　　②저도 한국어 전공**이었습니다.**

③언제**였습니까?** ―오늘**이었습니다.**　④얼마**였습니까?** ―백 십만 원**이었습니다.**

⑤그 날은 학교 창립 기념일**이었습니다.** 그렇지만 오 교시까지 수업이 있었습니다.

　《参考》−이다《〜だ，〜である》の過去形に用いる語幹が子音字で終わる名詞の後ろで −이어 であるのは連音のためです．−이다の 이 は変形すると連音できない，つまり子音が入れないのです．極論すれば −이다の 이 の役割は子音を受け入れることであって，だからこそ連音しない名詞の後ろで −입니다の 이 が発音されないことがあるのです〔▶p.85〕.

　今までに学んだほとんどの用言は過去形が言えるようになりました．母音語幹用言で基本形の語幹の最後の母音字が ㅏ，ㅗ，ㅜ，ㅣ 以外であれば単に 어 を加えればよいのです.

　《参考》쉬다《休む》の過去形は쉬었다《休んだ》です．ただし쓰다《使う》は過去形に用いる語幹の作り方のパターンが異なるので後ほど学びます.

　ㅕ に ㅓ が含まれると考えれば，過去形に用いる語幹の最後の文字は必ず ㅏ か ㅓ を含むといえます．**읐습니다，마싰습니다などはありえない形**だということがわかります.

■**練習4**■ 次の文を朝鮮語で書いてみましょう.

①昨日駅でその男の姿を**見ました**. ②家から野球場まで1時間**かかりました**.

③ごあいさつがずいぶん**遅れました**. ④私たちの学校の選手たちが**活躍しました**.

⑤試合で日本が中国に**勝ちました**. 私たちみんながとても**喜びました**.

　　　　　　　＊　　＊　　＊　　＊　　＊　　＊　　＊　　＊

①「昨日」〔▶p.42〕, 「駅」〔▶p.35〕. ③「ずいぶん」は「たくさん」を用います.

⑤「中国」〔▶p.35〕. 「勝つ」は「～を」と結びつくのがふつうです〔▶p.78-79〕.

㉔ 모습	[名] 姿	
㉕ 선수	[名] 選手【選手】	
㉖ 많이 /마니/	[副] たくさん, 多く	
㉗ 활약 /화략/	[名] 活躍【活躍】	
㉘ 경기	[名] 試合, 競技【競技】	
㉙ 모두	[名] みんな, みんなで	
㉚ 좋아하다 /조아하다/	[動] 好きだ, 喜ぶ 〈既習〉	

《**参考**》㉗많이《たくさん》の右側の終声字ㅎは連音せずに消えてしまう〔▶p.78〕ので残った左側の終声字ㄴが連音して/마니/と発音されるのです.

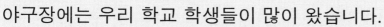

표는 친구가 주었습니다.
야구장에는 우리 학교 학생들이 많이 왔습니다.

　　　　＊　　　＊　　　＊　　　＊

우리 학교 선수가 홈런을 쳤습니다.
우리 모두가 아주 좋아했습니다.
선수들이 활약하는 모습을 많이 보았습니다.
경기는 우리 팀이 이겼습니다.
아주 재미있는 경기였습니다.

1 漢字語を「作る」

　日本語と朝鮮語は共通の漢字語が多いので習っていない単語も作ることができるということを以前お話ししました〔▶p.32-33〕．こんどは実際に練習をしてみましょう．

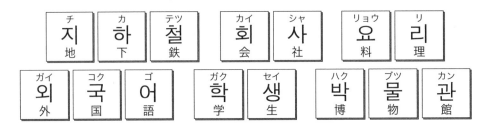

　上はすでに学んだ単語です．漢字とその音との対応を参考にしながら，次の**習っていない単語**の意味を考えてみましょう．

　以下の⑦〜匣の漢字語を，上の지하철《地下鉄》から박물관《博物館》までの単語とすでに習った下の単語を参考にしながら意味を考えてみましょう．

| ⑦ 중학교 /중악꾜/ | ［名］ |
| 匜 중학생 /중악쌩/ | ［名］ |

ㅋ	중국어 /중구거/	[名]
ㅌ	사회학	[名]
ㅍ	서점	[名]
ㅎ	교수	[名]
ㄲ	지도	[名]

《参考》ほかにも 어학《語学》，학업《学業》，교회《教会》，요리점《料理店》，지하실《地下室》，도서실《図書室》などを，また左ページの教科名に～학《～学》をつけて学問分野を指す名称を作れるでしょう．分野によっては「～学専攻です」ともう言えるわけです．

2 複数の音をもつ漢字

日本語には「図」が「ズ，ト」であるように複数の音をもつ漢字が少なくありませんが，朝鮮語の大部分の漢字には音が1つしかありません．たとえば 박물관《博物館》が /방물관/ と発音される例はあっても，これは「臨時」の発音変化であり，いわば日本語で「学校」の「学」が「ガッ」となるようなものです．

ただし初声字が ㄹ あるいは ㄴ である漢字については以下のようなルールがあります．

A 初声字が ㄹ，母音字が ㅑ，ㅕ，ㅖ，ㅛ，ㅠ，ㅣ（ヤ行音，イ）の漢字は単語の先頭で ㄹ が消え ㅇ で表記します．음료수《飲みもの（直訳：飲料水）》と 요리《料理》の「料」を比較してみましょう．たとえば 정류장《停留所（直訳：停留場）》の「留」で始まる単語は 유 で表記するわけです．

B 初声字が ㄹ，母音字が上記以外の場合，単語の先頭で ㄹ が ㄴ に替わります．원래《本来》と 내년《来年》の「来」を比較してみましょう．

C 初声字が ㄴ，母音字が ㅑ，ㅕ，ㅛ，ㅠ，ㅣ（ヤ行音，イ）の漢字は単語の先頭で ㄴ が消え ㅇ で表記します．여자《女（直訳：女子）》の「女」の本来の音は 녀 なのです．

ㄱ	유학	[名]
ㄴ	유학생 /유학쌩/	[名]
ㄷ	남녀	[名]

20 10

第21課　あいさつと尊敬形

　今日は教室に韓国人留学生の金賢哲（キム・ヒョンチョル／きん・けんてつ）さんが来て，会話の相手をしてもらいます．まず自己紹介を聞きましょう．そのあと上田さんが質問をします．

> 金賢哲：みなさんこんにちは❶．
> 　　　　私は金賢哲といいます❸．
> 　　　　韓国から来ました．年は今年（数えで）２９❷です．
> 　　　　今＿＿＿＿＿＿＿大学の大学院にかよっています．
> 　　　　よろしくお願いします❶．
> 　　　　　＊　　　＊　　　＊　　　＊
> 上　　田：こんにちは❶．私は上田といいます❸．
> 金賢哲：はい，こんにちは❶．
> 上　　田：金賢哲さんは大学院で何を専攻なさっていますか❹？
> 金賢哲：私は社会学を勉強しています．
> 上　　田：いつ日本にいらっしゃいましたか❹？
> 金賢哲：去年の１０月に来ました．もうすぐ１年になります❺．

❶ あいさつ

　「こんにちは」にあたる朝鮮語のあいさつは，直訳すれば「お元気でいらっしゃいますか？」という意味です．一日中いつでも使うことができます．

㋑ 여러분	［名］みなさん
㋑ 안녕하십니까 /안녕아심니까/	［間］こんにちは【安寧・・・】
㋑ 안녕하세요 /안녕아세요/	［間］こんにちは【安寧・・・】〈既習〉

　안녕하십니까 と 안녕하세요 はいずれも「ですます形」にあたるていねいな形ですが，前者が格式ばった言い方であるのに対して，後者は親しみのこもったやわらかい打ち解けた

感じを与えます．よほど改まった場面でなければみなさんは後者を用いればよいでしょう．
「よろしくお願いします」は 잘《よく》を用いて 잘 부탁합니다 といいます．

| ㅍ | 부탁하다 /부타카다/ | [動] 頼む，お願いする【付託・・】 |

 21 02

---

❷ 2ケタの固有数字

2ケタの固有数字は 열 하나《11》，열 둘《12》は学びましたが〔▶p.88〕，열 아홉《19》までは組み合わせであらわせます．20には 스물 という別の単語を用い，스물 하나《21》，스물 둘《22》のようにいいます．発音に気をつけてください〔▶p.87–88〕．

| ㅎ | 스물 | [数] 20〔固有数字〕 |

 21 03

---

❸ 引用形「～という」

自己紹介などに用いる「～といいます」は引用形 −이라고 하다 の「ですます形」を用いてあらわします．なお「～という」の前に母音字で終わる（＝終声字のない）単語が来る場合，−이라고 하다 の 이 は省略されて −라고 하다 となります．

ㄱ	−이라고 하다	[動] ～という
ㄱ	김현철 /기면철/	[名] 金賢哲【金賢哲】〔韓国人男性の名〕
ㄷ	이미선	[名] 李美善【李美善】〔韓国人女性の名〕
ㄹ	박준호 /박쭈노/	[名] 朴俊浩【朴俊浩】〔韓国人男性の名〕

 21 04

■**練習1**■ 次の文を読み，日本語に訳してみましょう． 21 05

①**안녕하십니까?** 저는 김현철**이라고 합니다.**

②여러분 **안녕하세요?** 제 이름은 박준호**라고 합니다.** 나이는 **스물 넷**입니다.

③여기에는 이미선**이라고 하는** 사람은 없습니다.

■**練習2**■ 上の表現を用いて，「みなさんこんにちは．私は～といいます．年は～です． 21 06
よろしくお願いします」と自分の名前と年齢を入れて朝鮮語で言ってみましょう．

4 尊敬形（母音語幹用言）

日本語では「読む」から「お読みになる」，「書く」から「お書きになる」のように，「お〜になる」という形で**尊敬形**を作ることができます．朝鮮語ではこれにあたる形を，語幹と語尾の間に補助語幹 −시− を挟むことによってあらわします．

《**参考**》朝鮮語では身内のことを表現する場合も，たとえば「（自分の）お父さんは銀行にお勤めでいらっしゃいます」のように尊敬形を用いることができ，またそれがふつうです．

見る
| 보 | 다 |

ご覧になる
| 보 | 시 | 다 |

ご覧になりますか？
| 보 | 시 | ㅂ니까 |

■**練習3**■ 次の単語の基本形と尊敬形を（「ですます形」にはせずに）朝鮮語で書いてみましょう．

① 会う／お会いになる　② 待つ／お待ちになる　③ 乗る／お乗りになる

④ 行く／いらっしゃる　⑤ 来る／いらっしゃる　⑥ 電話する／電話なさる

■**練習4**■ 練習3の用言を用いて「お会いになりますか？—はい，会います」のように，尊敬形疑問文と非尊敬形平叙文のやりとりをしてみましょう．

尊敬形を過去形にするには「尊敬，過去」の順序で補助語幹を2つ重ねます．−시− に −ㅆ− が続くのですが，−ㅆ− の前で語幹の形が替わるという重要なルールがありました．
たとえば마시다《飲む》，다니다《かよう》は −ㅆ− の前で다녀，마셔になることを学んでいます〔▶p.95−96〕．보다《見る》の尊敬形보시다《ご覧になる》は보시を**尊敬語幹**という名の拡大語幹〔▶p.92〕とみて同じルールで形を替えればよいのです．過去形に用いる語幹，つまり −ㅆ− の前での形は보셔となります．−시− と −ㅆ− の2つの補助語幹を含む보셨のような形をやはり拡大語幹の1つとして**尊敬過去語幹**と呼ぶことにします．

ご覧になりますか？
| 보 | 시 | ㅂ니까 |

ご覧になりましたか？
| 보 | 셔 | ㅆ | ㅂ니까 |

■**練習5**■ 練習3の用言を用いて「お会いになりましたか？—はい，会いました」のように，尊敬形疑問文と非尊敬形平叙文のやりとりをしてみましょう．

5 動詞と助詞の結びつき・その2

　日本語で「〜に」と結びつく「なる」を朝鮮語では「〜が」とともに用います．そのため主語「〜が」を含めて文中に「〜が」が重なることがあります．日本語と同じく「〜である」の意味でも用いますが，それが特に連体形の場合，助詞は省略されるのがふつうです．

| コ | 되다 | [動] なる，できる，いい，大丈夫だ | |

■練習6■ 次の文を読み，日本語に訳してみましょう．

①누나는 올해 스물 하나**가 됩니다**.　②우리 아이가 작년에 중학생**이 되었습니다**.
③제 남자 친구 **되는** 사람입니다. 그 친구하고는 곧 일년**이 됩니다**.

| サ | 년 | [名] 〜年【年】 | |
| シ | 작년 /장년/ | [名] 去年【昨年】 | |

김현철 : 여러분 안녕하십니까?
　　　　저는 김현철이라고 합니다.
　　　　한국에서 왔습니다. 나이는 올해 스물 아홉입니다.
　　　　지금 _____ 대학교 대학원에 다닙니다.
　　　　잘 부탁합니다.

＊　　＊　　＊　　＊

우에다 : 안녕하세요? 저는 우에다라고 합니다.
김현철 : 네, 안녕하십니까?
우에다 : 김현철 씨는 대학원에서 무엇을 전공하십니까?
김현철 : 저는 사회학을 공부하고 있습니다.
우에다 : 언제 일본에 오셨습니까?
김현철 : 작년 시월에 왔습니다. 곧 일년이 됩니다.

第22課　指定詞の否定形・用言の活用と語基

上田さんが金賢哲さんに続けて質問をします.

> 上　　田：それは何ですか❸？
>
> 金賢哲：これは大学院で読んでいる❸本です❸.
>
> 上　　田：英語の本をお読みになるんですか❷❸？
>
> 金賢哲：いいえ, これは英語ではありません❶❸. ドイツ語です❸.
>
> 　　　　　もちろん英語の本もたくさん読みます❸.
>
> 上　　田：やはり授業は日本の学生といっしょにお聞きですか❷❸？
>
> 金賢哲：もちろんです❸. いっしょに聞きます❸.

---

❶ 指定詞の否定形

　英語の *be* 動詞の否定形の作り方が一般の動詞のそれとは異なるように, 朝鮮語の －이다《～だ, ～である》も否定形の作り方が通常の用言と異なります.

　－이다 の否定形にあたる形は 아니다《～でない》です. たとえば 이것은 책 아니다《これは本でない》のようになります. 아니다 は前の名詞と離して書きます.

㋐ 아니다　　　　　　　　　　　　[指] ～でない

22 01

　日本語では通常「これは本で**は**ない」のように助詞「～は」を挟みますね. 朝鮮語も同じですが, 「～は」ではなく「～が」を挟むのがふつうです. つまり「これは本で**が**ない」となります. －가/－이《～が》は名詞の直後に置かれ, 이것은 책이 아니다 となります.

　《参考》「疑問詞＋ですか」の構文で日本語とは異なり「～が」を用いる〔▶p.61〕のと同じことがここでも起こるわけです. ただし強調のニュアンスをあらわす場合に「～は」が用いられることがあります. また「～が」は話しことばで省略されることもあります.

　　「～ではない」を －에서는 없다 などとしてはいけません. 아니다《～でない》は断定をあらわす －이다《～だ, ～である》の否定形, 없다《ない》は存在をあらわす 있다《ある》の否定形です. 断定をあらわす形と存在をあらわす形を混同しないようにしてください.

■**練習1**■ 次の文を読み，日本語に訳してみましょう．

① 학교는 회사**가 아닙니다.**　　② 제가 좋아하는 드라마**는 아닙니다.**

③ 어제는 일요일**이 아니었습니까?**　　④ 그 사람은 누나**도** 동생도 **아닙니다.**

《**参考**》過去形に用いる語幹は標準語では 아니어 のままで 아녀 のように縮まりません．なお 아니다 も −이다 とともに指定詞〔▶p.53〕に分類されます．

■**練習2**■ 次の文を朝鮮語で書いてみましょう．

① これは問題ではありませんか？　　② ヨーロッパはアメリカではありません．

　　　　　*　　*　　*　　*　　*　　*　　*　　*　　*

① 「問題」〔▶p.42〕．　　② 「ヨーロッパ」〔▶p.77〕，「アメリカ」〔▶p.35〕．

---

2 尊敬形（子音語幹用言）

　尊敬形を作る場合に補助語幹 −시− を用いるのは母音語幹用言の場合と同じですが，子音語幹用言では母音字 으 を加えることによって語幹が作られます．

《**参考**》−시− には**母音の後ろにしかつかない**という性質があります．そのため子音語幹用言では 으 を加えて連音させることによって**「母音の後ろにつくことにする」**のです．

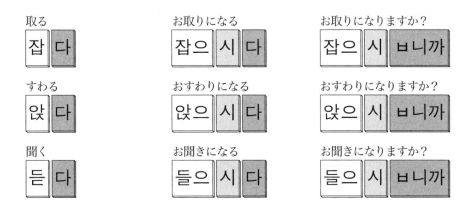

《**参考**》듣다 は過去形に用いる語幹が 들어 となる不規則用言でした〔▶p.92〕．尊敬形に用いる語幹もやはり終声字 ㄷ が ㄹ に替わり 들으 となります．

■**練習3**■ 次の単語の基本形と尊敬形を（「ですます形」にはせずに）朝鮮語で書いてみ
ましょう．

　① 読む／お読みになる　　② ある／おありになる　　③ 受け取る／お受け取りになる

■**練習4**■　練習３の用言を用いて「お読みになりますか？―はい，読みます」のように，尊敬形疑問文と非尊敬形平叙文のやりとりをしてみましょう.

　過去形は母音語幹用言と同じく－시－を－셔－にしてから－ㅆ－を続けます. 기다리다《待つ》の過去語幹〔▶p.93〕が기다렸となるのと同じく，앉으시다《おすわりになる》の尊敬過去語幹〔▶p.102〕は앉으셨となるわけです.

■**練習5**■　練習３の用言を用いて「お読みになりましたか？―はい，読みました」のように，尊敬形疑問文と非尊敬形平叙文のやりとりをしてみましょう.

❸ 用言の語幹と語基

　子音語幹用言では基本形，尊敬形，過去形で語幹の形が異なることになります.

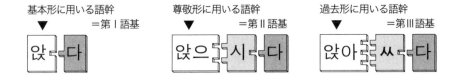

　앉다の３つの語幹앉，앉으，앉아はちょうど日本語「すわる」の活用形「すわら，すわり，すわる…」のようなものだと考えることができます. 日本語ではそれぞれの活用形を「未然形，連用形，終止形…」のように呼びますが，朝鮮語では上の３つの語幹앉，앉으，앉아を今後それぞれ**第Ⅰ語基，第Ⅱ語基，第Ⅲ語基**と呼ぶことにします.

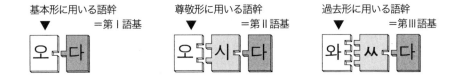

　母音語幹用言でも基本形に用いる語幹と尊敬形に用いる語幹は文法的には異なるものと考え，上の３つの語幹오，오，와もそれぞれ第Ⅰ語基，第Ⅱ語基，第Ⅲ語基と呼びます
　基本形の語幹は第Ⅰ語基，補助語幹－시－が続く語幹は第Ⅱ語基，補助語幹－ㅆ－が続く語幹は第Ⅲ語基，のように**後ろに続く要素によって第Ⅰ語基，第Ⅱ語基，第Ⅲ語基のいずれであるかが決定される**わけです. よって가다《行く》のように基本形の語幹（＝第Ⅰ語基）が母音字ㅏで終わる用言は第Ⅰ語基，第Ⅱ語基，第Ⅲ語基が同じ形になります.

第Ⅰ語基, 第Ⅱ語基, 第Ⅲ語基の例をいくつか見てみましょう.

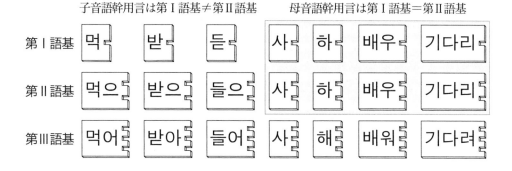

■**練習6**■ 次の文を読み, 日本語に訳してみましょう.

①박준호 선생님**이십니까**? —네, 제가 박준호**입니다**.

②독일어도 역시 대학교에서 **배우셨습니까**?

③핸드폰 **있으십니까**?　　　　④가방을 어디에 **놓으셨습니까**?

㉯ 독일어 /도기러/	[名] ドイツ語【独逸語】
㉰ 역시 /역씨/	[副] やはり【亦是】

우에다 : 그것이 무엇입니까?

김현철 : 이것은 대학원에서 읽는 책입니다.

우에다 : 영어 책을 읽으십니까?

김현철 : 아니요, 이것은 영어가 아닙니다. 독일어입니다.
　　　　물론 영어 책도 많이 읽습니다.

우에다 : 역시 수업은 일본 학생하고 같이 들으십니까?

김현철 : 물론입니다. 같이 듣습니다.

第 **23** 課　形容詞ともう１つの否定形

上田さんが日本語の勉強のことを金賢哲さんに尋ねます.

上　　田：韓国で日本語を学ばれたんですか？

金賢哲：はい，高校で３年習いました.

上　　田：日本語はむつかしくないですか❶❷？

金賢哲：本を読むのは❸やさしいです❶.

　　　　でも日本語で❹話すのは❸むつかしいです❶.

　　　　辞書を引いても❺ないことばが多いです❶.

---

❶ 形容詞と「ですます形」

朝鮮語では品詞としての動詞と形容詞は区別されますが，形の上での区別がありません.

㋐	쉽다 /쉽따/	[形]	やさしい

㋑	어렵다 /어렵따/	[形]	むつかしい
㋒	좋다 /조타/	[形]	良い
㋓	많다 /만타/	[形]	多い

《参考》㋒좋다, ㋓많다は激音化〔▶p.69-70, ▶p.80〕し, ㋓は左側の終声字 ㄴ が残るので/만타/と発音されます. 連音しない二重子音字は片方のみ読むのが原則ですが, 激音になりうる平音と隣り合わせになった子音字 ㅎ は激音化という「役目」を果たすわけです.

■**練習１**■　次の文を読み, 日本語に訳してみましょう.

①수업도 숙제도 아주 **어렵습니다.**　②그렇지만 시험은 아주 **쉽습니다.**

③일본어 사전은 어느 것이 제일 **좋습니까?**

④일본에서도 고등학교에서 중국어를 공부하는 학생이 **많습니까?**

㋔	고등학교 /고등악꾜/	[名]	高校【高等学校】

動詞, 形容詞, 指定詞の基本形と「ですます形」の関係は次のとおりです.

動　詞：	먹다	食べる	⇔	먹습니다	食べ**ます**
形容詞：	쉽다	やさしい	⇔	쉽습니다	やさしい**です**
指定詞：	−이다	〜だ, 〜である	⇔	−입니다	**〜です**

❷ もう1つの否定形

　用言の前に 안 を置いて否定をあらわすことは学びましたが〔▶p.56〕, 第Ⅰ語基と −지 を組み合わせ, 後ろに 않다《〜ない》を続けることでも否定をあらわすことができます.

　않다 は通常の用言のルールどおり形を替えます. また 타지 않다《乗らない》の 않다 は動詞あつかい, 좋지 않다《良くない》の 않다 は形容詞あつかいされます.

　《参考》 −지 않다 を用いた否定形を**長い否定形**, 안 を用いた否定形を**短い否定形**と呼ぶことにします. 長い否定形は書きことば的, 短い否定形は話しことば的です. ただし形容詞は話しことばでも長い否定形を用いることが多いです. 単語によっても異なるようです.

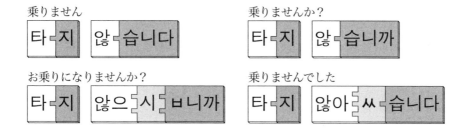

■**練習2**■　次の単語の基本形と「ですます形」を朝鮮語で書いてみましょう.
①会う／会いません／会いませんか／お会いになりませんか／会いませんでした
②休む／休みません／休みませんか／お休みになりませんか／休みませんでした
③聞く／聞きません／聞きませんか／お聞きになりませんか／聞きませんでした

■**練習3**■　次の文を読み, 日本語に訳してみましょう.
①주말에는 사람이 **많지 않습니까**?　②수업도 숙제도 시험도 **쉽지 않습니다**.
③어제는 저녁을 **먹지 않았습니다**.　④텔레비전을 **보지 않는** 날이 없습니다.

❸ 動詞の体言形

体言形とは「～るもの，～るの，～ること」などと訳せる形のことです．英語の動名詞，たとえば *I like playing baseball*《私は野球をするのが好きだ》の *playing*《すること》に似ています．動詞の連体形－는と 것《もの，の，こと》〔▶p.36〕を組み合わせてあらわします．動詞以外に存在詞 있다《ある，いる》，없다《ない，いない》にも用いられます．

見ること／もの／の   食べること／もの／の   飲むこと／もの／の

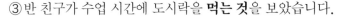

보 -는 것   먹 -는 것   마시 -는 것

■**練習4**■　次の文を読み，日本語に訳してみましょう．　
①저도 야구를 **보는 것**을 좋아합니다．　②한국어 사전을 **찾는 것**은 쉽지 않습니다．
③반 친구가 수업 시간에 도시락을 **먹는 것**을 보았습니다．
④그렇지만 그 사람에게 돈이 **없는 것**은 아닙니다．

| ヵ | 찾다 /찯따/ | [動] 探す，見つける，訪ねる，（辞書を）引く | |

❹ 助詞「～で」・その2

「日本語で話す」や「ハングルで書く」のように「～を用いて」という意味で用いられる「～で」は－로または－으로であらわします．母音字で終わる（＝終声字のない）単語には－로，子音字で終わる（＝終声字のある）単語には－으로を用います．終声字ㄹで終わる単語に－으로ではなく－로が用いられることに特に気をつけてください．

| ‡ | －로 | [助] ～で〔母音字とㄹの後ろで〕 | |
| ク | －으로 | [助] ～で〔ㄹを除く子音字の後ろで〕 | |

■**練習5**■　次の文を読み，日本語に訳してみましょう．
①고등학교 때는 자전거**로** 학교에 다니는 학생이 많았습니다．
②저는 집에서도 스마트폰**으로** 한국 드라마를 봅니다．
③인터넷 사전**으로** 단어를 찾는 것은 좋지 않습니다．
④한글**로** 쓰는 것은 어렵지 않습니다．그렇지만 한국어**로** 말하는 것은 어렵습니다．

ㅋ 쓰다	[動] 書く

ㅌ 말하다 /마라다/	[動] 話す

5 接続形「～しても」

「～しても」にあたる接続形〔▶p.79〕語尾は －도です. **第Ⅲ語基と組み合わせて用いる**ところがポイントです. 第Ⅰ語基と組み合わせて用いる －고 と比べてみましょう.

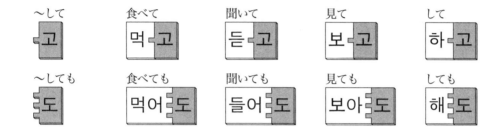

《**参考**》前課で「語基」という概念を導入するまでは第Ⅲ語基を便宜上「過去形に用いる語幹」と呼んでいましたが, 第Ⅲ語基は**過去形に「も」用いられる**というだけで, 過去の意味を担うのは第Ⅲ語基ではなく補助語幹 －ㅆ－ です. なお**子音語幹用言の語幹の後ろが濃音化するのは終声字をもつ第Ⅰ語基にのみ適用されるルール**〔▶p.72-73〕なので－도は濁ります.

■**練習6**■ 次の文を読み, 日本語に訳してみましょう.

①시간은 **있어도** 돈이 없습니다.　　②홍차는 **마셔도** 커피는 거의 안 마십니다.
③30분 **기다려도** 버스는 안 왔습니다.　④여기서 **기다리셔도** 버스는 안 옵니다.
⑤내일은 비가 **와도** 경기가 있습니까?　⑥택시를 **타셔도** 20분은 걸립니다.

우에다 : 한국에서 일본어를 배우셨습니까?
김현철 : 네, 고등학교에서 삼 년 배웠습니다.
우에다 : 일본어는 어렵지 않습니까?
김현철 : 책을 읽는 것은 쉽습니다.
　　　　 그렇지만 일본어로 말하는 것은 어렵습니다.
　　　　 사전을 찾아도 없는 말이 많습니다.

第24課　命令形と意思形

上田さんがこんどは朝鮮語の勉強のことを話します.

> 上　　田：朝鮮語は発音がとてもむつかしいです.
>
> 金賢哲：上田さんは発音がとてもいいですよ.
> 　　　　わからないことがあれば❷連絡ください❹.
>
> 上　　田：ありがとうございます.　電話で連絡すればいいですか❷❸?
>
> 金賢哲：はい.　それから火曜日には研究室にいます.
> 　　　　そのままいらしてもいいですよ❶.
>
> 上　　田：ありがとうございます!　いっしょうけんめい勉強します❺.

---

❶「〜してもいい」

「食べてもいい」などの「〜してもいい」をあらわすには, 「〜しても」には前課で学んだ −도〔▶p.111〕を, 「いい」には動詞 되다〔▶p.103〕を用います. 「いい」には形容詞 좋다〔▶p.108〕もあり, 使える場合もありますが, まずは −도 되다 で覚えましょう.

すわってもいい
　　　　おすわりになってもいい

■練習1■　次の文を読み, 日本語に訳してみましょう.　　

① 가방을 여기에 **놓아도 됩니까?** 　② 저도 같이 **가도 됩니까?** ― 네, **됩니다.**

③ 사전은 아직 **사지 않아도 됩니다.** 　④ 하루만 늦어도 **안 됩니까?** ― **안 됩니다.**

　　《参考》状況によっては前半の「〜しても」を省略して「いい」のみを用いることもできます. また否定形は長い否定形ではなく短い否定形〔▶p.109〕を用いることになっています.

■練習2■　次の用言を用いて「見てもいいですか?―はい, ご覧になってもいいです」の
ように, 非尊敬形疑問文と尊敬形平叙文のやりとりをしてみましょう.　　

　① 見る　　　② 聞く　　　③ 読む　　　④ 待つ　　　⑤ 休む

2 接続形「〜すれば，〜したら」

「時間があれば，もし遅れたら」などの「〜すれば，〜したら」という仮定をあらわす語尾は－면です．**第Ⅱ語基と組み合わせて用いる**ところがポイントです．こんどは第Ⅰ語基と組み合わせる－고，第Ⅲ語基と組み合わせる－도の両方と比べてみましょう．

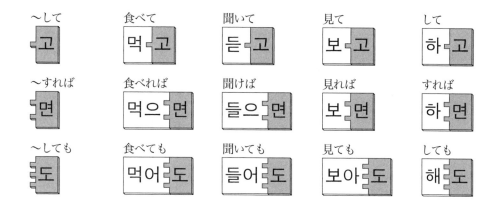

《**参考**》語幹と語尾の組み合わせを今後はⅠ－고，Ⅱ－면，Ⅲ－도のように表記することにします．補助語幹に関してはⅡ－시－，Ⅲ－ㅆ－のように示します．

■**練習3**■　次の文を読み，日本語に訳してみましょう．　

①돈이 많이 **있으면** 무엇을 합니까?　②이 책은 잘 **읽으면** 아주 재미있습니다.

③택시를 **타시면** 20분 안 걸립니다.　④방학이 **되면** 아르바이트와 여행을 합니다.

3「〜すればいい，〜したらいけない」

「来ればいい，来たらいけない」などの「〜すればいい，〜したらいけない」をあらわすには上で学んだⅡ－면と되다またはⅡ－면と안 되다を組み合わせて用います．

　　　　　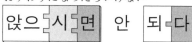

■**練習4**■　次の文を読み，日本語に訳してみましょう．　

①교실에서 술을 **마시면 안 됩니다.**　②선물입니다. 그냥 **받으시면 됩니다.**

ㄱ　그냥　　　　　　　　　　　　[副] ただ，そのまま，何となく

■**練習5**■ 次の用言を用いて「見たらいけませんか？―はい，ご覧になったらいけません」のように，非尊敬形疑問文と尊敬形平叙文のやりとりをしてみましょう.

①見る   ②聞く   ③読む   ④待つ   ⑤休む

4 用言の命令形

命令形の語尾はⅡ－ㅂ시오です．用言をかならず尊敬形にして用います．それでも命令形ですから，目上に向かって使うと失礼になることもあります．注意が必要です.

お乗りください
타─시─ㅂ시오

おすわりください
앉으─시─ㅂ시오

■**練習6**■ 次の文を読み，日本語に訳してみましょう.

①내일 아침 9시에 꼭 **오십시오**.   ②먼저 볼펜으로 이름과 나이를 **쓰십시오**.

③여기에 물냉면 하나 **주십시오**.   ④모르는 단어가 있으면 사전을 **찾으십시오**.

⑤그리고 이것이 선물입니다. **받으십시오**. ―감사합니다!

㋑ 꼭	[副]	かならず
㋒ 모르다	[動]	知らない，わからない
㋓ 그리고	[接]	そして，それから
㋔ 감사하다	[形]	ありがたい【感謝‥】

5 用言の意思形

補助語幹Ⅰ－겠－を用いて英語 *will*《～する》のような意思をあらわすことができます.

する *do*
하─다

する *will do*
하─겠─다

食べる *eat*
먹─다

食べる *will eat*
먹─겠─다

たとえば제가 합니다《私がします》は客観的な表現であり，話し手に意思があることがはっきりしません．제가 하겠습니다《私がします》とすることによって話し手がその意思

を持っていることが明確になるのです。日本語では訳し分けられないことが多いです。

■**練習7**■　次の文を読み，日本語に訳してみましょう。
①제가 이메일로 **연락하겠습니다**.　　②다음부터는 열심히 **공부하겠습니다**.
③연구실에서 **기다리고 있겠습니다**.　　④오늘 경기는 우리가 꼭 **이기겠습니다**.

㉕ 연구실　　　　　　　　[名] 研究室【研究室】

　これも英語 *will*《〜するか》と同じく，主語が2人称の疑問文では聞き手の意思を問うことになります。尊敬形の場合，補助語幹はⅡ-시-，Ⅰ-겠-の順に並びます。両者を含む語幹を**尊敬意思語幹**，Ⅰ-겠-のみを含む語幹を**意思語幹**とここでは呼んでおきます。

■**練習8**■　次の文を読み，日本語に訳してみましょう。
①여기에 같이 **앉으시겠습니까**?　　②내일은 몇 시에 **오시겠습니까**?

■**練習9**■　次の用言に意思形を用いて「ご覧になりますか？—はい，見ます」のように，
尊敬形疑問文と非尊敬形平叙文のやりとりをしてみましょう。
①見る　　②聞く　　③読む　　④待つ　　⑤休む

　《**参考**》Ⅰ-겠-はㄱではじまるので읽は/일/と読まれ〔▶p.81〕，また子音語幹用言の語幹の後ろは濁らないというルール〔▶p.72-73〕はⅠ-겠-にも適用されるので，읽겠습니다《読みます》は/일껟씀니다/と発音されます。

우에다 : 한국말은 발음이 아주 어렵습니다.
김현철 : 우에다 씨는 발음이 아주 좋습니다.
　　　　모르는 것이 있으면 연락 주십시오.
우에다 : 감사합니다. 전화로 연락하면 됩니까?
김현철 : 네. 그리고 화요일에는 연구실에 있습니다.
　　　　그냥 오셔도 됩니다.
우에다 : 감사합니다! 열심히 공부하겠습니다.

第 **25** 課　リウル語幹用言

　　上田さんは金賢哲さんとたまに会って勉強をみてもらっています。ふたりとも大学からひとり暮らしをはじめたようです。

> 金賢哲：上田さんはどちらに<u>住んでいらっしゃいますか</u>❶❸？
>
> 上　　田：<u>私が住んでいる</u>❶ところは横浜です。
>
> 金賢哲：ご両親といっしょに<u>お住まいですか</u>❶？
>
> 上　　田：<u>ひとり暮らしです</u>❶。両親は名古屋に<u>います</u>❷。
>
> 　　　　金賢哲さんは韓国ではどちらに<u>お住まいでしたか</u>❶？
>
> 金賢哲：高校のときまでは両親といっしょに<u>暮らしていました</u>❶。
>
> 　　　　釜山にいました。大学はソウルです。

---

❶ リウル語幹用言

第Ⅰ語基が終声字ㄹで終わる用言は語幹の変化のパターンが既習のものと異なります。

㋐ 살다	［動］住む，暮らす，生きる	
㋑ 알다	［動］知る，わかる	
㋒ 팔다	［動］売る	
㋓ 들다	［動］持つ，持ち上げる，挙げる	

25 01

　　これらは子音語幹用言には含めずに子音字ㄹの名称リウル〔▶p.55〕をとって**リウル語幹用言**と呼びます。用言は母音語幹用言，リウル語幹用言，子音語幹用言の３種類に分類されるわけです（リウルは子音字ですがリウル語幹用言は子音語幹用言ではありません！）。
　　リウル語幹用言は以下の点で子音語幹用言とは区別されます。

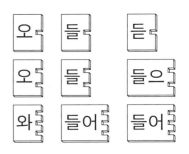

A 第II語基に으を加えません．つまり第I語基と第II語基は同じ形です．

B 濁りうる平音の初声字ではじまる語尾（または補助語幹）は濁って発音されます．앉다が「アンタ」なのに対して〔▶p.72–73〕살다は「サルダ」です．

C 「ですます形」の現在形は語尾にI－습니다ではなくII－ㅂ니다を用います（その場合語幹の終声字ㄹは消えます）．살다の「ですます形」は살습니다ではなく삽니다です．ただし過去形では終声字ㄹは消えず，語尾にはI－습니다が用いられます．

> 《参考》A B Cは母音語幹用言とも共通する性質です．Cの結果「買います」と「住みます」は同じ形となります．また－ㅂ니다は「非標準語」では먹읍니다のように子音語幹用言の第II語基と組み合わせた形もあるので，II－ㅂ니다と表記することにします．

■**練習1**■ 次の単語の基本形と「ですます形」を朝鮮語で書いてみましょう．

①住む／住みます／住みました　　②売る／売ります／売りました

③持つ／持ちます／持ちました　　④わかる／わかります／わかりました

D ㄹが消える現象はII－ㅂ니다，II－ㅂ니까のほかII－시－，I－는などとの組み合わせでも起こります．子音語幹用言듣다《聞く》とリウル語幹用言들다《持つ》を比較してみましょう．

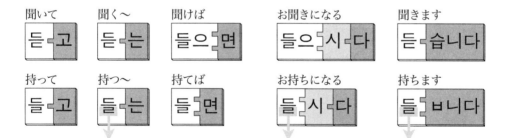

> 《参考》この現象は語幹の終声字ㄹが，語尾（または補助語幹）の初声字ㅅ，ㅂ，ㄴと**じかに接触する**ことによって起こります．第III語基では終声字ㄹが語尾（または補助語幹）とじかに接することはない（아または어によって隔てられている）ので，終声字ㄹは消えません．初声字ㅅ，ㅂ，ㄴの直前で終声ㄹが**スポン（SPN）と落ちる**と覚えましょう．

■**練習2**■ 次の文を読み，日本語に訳してみましょう．

①중학생에게 술을 **팔면** 안 됩니다.　②제가 잘 **아는** 한국 식당이 하나 있습니다.

③가방 주십시오. 제가 **들겠습니다**.　④이미선 교수님은 러시아어도 잘 **아십니다**.

⑤서울에서는 아파트에 **사는** 사람이 많습니다.

❷ 特別な尊敬形

尊敬形をⅡ−시−で規則的に作ることができない用言がいくつかあります.

《参考》日本語でも「読む」や「書く」は「お〜になる」で規則的に尊敬形を作れますが,「いる」や「見る」を「おいになる」や「お見になる」とはいいません.

㋕ 계시다/게시다/	[存] いらっしゃる
㋖ 드시다	[動] 召し上がる
㋗ 주무시다	[動] お休みになる

《参考》母音字 ㅖ は子音字と結合すると一部の例外を除き /ㅔ/ で発音されます.

Ⓐ 있다《ある, いる》の尊敬形は, 「ある」の意味では 있으시다 という規則的な形を用いますが, 「いる」の意味では 계시다 という特別な形を用います.

Ⓑ 먹다《食べる》の尊敬形は 들다《持つ》の尊敬形 드시다 を用います. 먹으시다 という形はふつう用いません. 드시다 は 마시다《飲む》の尊敬形としても用いられます.

Ⓒ 자다《寝る》の尊敬形は 주무시다 というやはり特別な形を用います.

■練習3■ 次の文を読み, 日本語に訳してみましょう.
①오빠 친구가 우리 집에 **오셨습니다**.　②시간이 **있으시면** 같이 **안 가시겠습니까**?
③지금 연구실에 김현철 씨 **계십니까**? ― **안 계십니다**. 김현철 씨 오늘 **안 오십니다**.

❸ 尊敬形の進行形

日本語で「読んでいる」の尊敬形が「読んでいらっしゃる」となるように，朝鮮語でも 있다 を 계시다 に取り替えて尊敬形の進行形を作ります．있으시다 にはなりませんので注意してください．なお進行形は日本語ほどには用いません〔▶p.29〕．

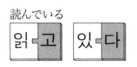
読んでいる

読んでいらっしゃる

《参考》 日本語で「読んでいらっしゃる」を「お読みになっていらっしゃる」ともいうように，朝鮮語でも前後とも尊敬形にした 읽으시고 계시다 のような形もありますが，읽고 계시다 のほうがふつうです．ただし特別な尊敬形の進行形は 드시고 계시다 のようにいいます．

■練習4■ 次の文を読み，日本語に訳してみましょう.

①부모님하고 같이 **살고 계십니까**? ―아니요, 혼자 살고 있습니다.

②어머니는 지금 방에서 **주무시고 계십니다**.

③아버지는 부산에서 고등학교 영어 선생님을 **하고 계십니다**.

ㅋ 부모님	[名] 両親【父母・】
ㅌ 혼자	[副] ひとり, ひとりで
ㅍ 부산	[名] 釜山【釜山】

김현철 : 우에다 씨는 어디에 살고 계십니까?

우에다 : 제가 사는 곳은 요코하마입니다.

김현철 : 부모님과 같이 사십니까?

우에다 : 혼자 삽니다. 부모님은 나고야에 계십니다.
　　　　 김현철 씨는 한국에서는 어디에 사셨습니까?

김현철 : 고등학교 때까지는 부모님과 같이 살았습니다.
　　　　 부산에 있었습니다. 대학교는 서울입니다.

テスト：作文練習・その1

■ 第21課 ■

① こんにちは．私は_____といいます．日本から来ました．

② 朝鮮語クラスには学生が25人います．

③ そのスマホはどこでお買いになりましたか？

④ ギターをお弾きになりますか？

⑤ 昨日テレビでニュースをご覧になりましたか？

⑥ 兄は4月から大学院生になりました．

* * * * * * * * *

① 「こんにちは」はどちらを使ってもけっこうです．

② 数字は固有数字を使いましょう．　③④⑤ いずれも尊敬形です．

③ 「スマホ」〔▶p.76〕．　　　　　④ 「ギター」〔▶p.77〕，「弾く」〔▶p.96〕．

⑤ 「〜で」は一種の「場所」だと考えましょう．「ニュース」〔▶p.22〕．

⑥ 「**大学院生**」＝「**大学院**」＋「**学生**」

■ 第22課 ■

① 質問がおありですか？

② 韓国の歌をお聴きになりますか？

③ 今日も遅くなられますか？

④ いつそのはがきをお受け取りになりましたか？

⑤ 金賢哲先生ではいらっしゃいませんか？

⑥ これは豚肉ではありません．鶏肉です．

* * * * * * * *

①②③④⑤ いずれも尊敬形です．　　　① 「質問」〔▶p.27〕．

④ 「はがき」〔▶p.61〕．

⑤ 「〜ではいらっしゃらない」の日本語の非尊敬形をまず考えてみましょう．

⑥ 「鶏肉」も「豚肉」〔▶p.45〕と同じく「鶏」〔▶p.49〕と「肉」を組み合わせます．

■ 第23課 ■

① うちの大学は留学生がとても多いです．

② 会社まで地下鉄で通っています．

③ 飛行機に乗るのははじめてです．

④私は人に会うのが好きです.

⑤外国語は学んでも学んでも終わりがありません.

⑥母はスーパーではお肉を買いません.

＊　＊　＊　＊　＊　＊　＊　＊　＊

①「留学生」〔▶p.99〕.

②非進行形と進行形の両方で書いてみましょう.

⑥「スーパー」〔▶p.77〕.「買う」は尊敬形を用いて長い否定形にしてみましょう.

■ 第24課 ■

①中学生がこの本を読んだらいけません.

②その話はご存じなくてもけっこうです.

③電車は「外大前」から乗ればいいです.

④生年月日は鉛筆で書いたらだめですか？―はい，ボールペンで書いてください.

⑤ここでお待ちになりますか？

⑥来年の秋からカナダで英語を学びます.

＊　＊　＊　＊　＊　＊　＊　＊　＊

③「**外大**」＝「**外国語**」＋「**大学校**」.「前」は固有語の名詞をそのままつけて使います.

④「**生年月日**」＝「**学生**」＋「**学年**」＋「**月曜日**」.「鉛筆」〔▶p.40〕.

⑤⑥意思形を使ってみましょう.　⑥「秋」〔▶p.25〕，「カナダ」〔▶p.77〕.

■ 第25課 ■

①社会学なら朴俊浩教授がよくご存じです.

②靴下はコンビニでも売っています.

③質問がある人は手をあげてください.

④外でも韓国の食べものを召し上がりますか？

⑤日曜日には家にいらっしゃいますか？―天気がよくなければ家で休みます.

⑥日本語をいつから勉強していらっしゃいますか？

＊　＊　＊　＊　＊　＊　＊　＊　＊

①「～なら」は「～であれば」つまり指定詞「～だ，～である」を「～れば」にします.

②「靴下」〔▶p.21〕.「～ている」は非進行形にしましょう.

③「手」〔▶p.22〕.

⑤この「いらっしゃる」は「いる」の尊敬形です.「天気」〔▶p.47〕.「休む」は意思形を使ってみましょう.

⑥尊敬形の進行形を使ってみましょう.

第 26 課　形容詞の連体形

こんどは家族の話になりました.

> 上　　田：金賢哲さんは兄弟はどう**❹**なっていますか?
>
> 金賢哲：男は私ひとりですが**❶**, 姉がふたりいます.
>
> 上　　田：あの…, 結婚なさってますか?
>
> 金賢哲：結婚ですか**❸**? 姉のことですか**❸**? 上の**❷**姉は結婚しましたが**❶**, 下の**❷**姉はまだ….
>
> 上　　田：いいえ**❸**, 金賢哲さんですよ**❸**.
>
> 金賢哲：私ですか**❸**? それはまたなぜお尋ねになるんですか**❺**?
>
> 上　　田：いいえ**❸**, 何となくです**❸**.
>
> 金賢哲：結婚してますよ. 同じ**❷**大学のサークルの彼女とです**❸**.

---

❶ 接続形「〜しますが」

逆接の意味をもつ「〜しますが」はⅠ−지만であらわします. 補助語幹Ⅲ−ㅆ−を加えた過去語幹〔▶p.93〕を用いて「〜しましたが」をあらわすこともできます.

ありますが	見ますが	ありましたが	見ましたが
있-지만	보-지만	있어-ㅆ-지만	보아-ㅆ-지만

■**練習1**■　次の文を読み, 日本語に訳してみましょう.

① 생일은 **알지만** 나이는 모릅니다.　② 홍차는 **마시지만** 커피는 안 마십니다.

③ 수업은 **어렵지만** 시험은 쉽습니다.　④ 도서관에 **갔지만** 그 책은 없었습니다.

⑤ 어제도 **말했지만** 저는 그 사람을 만나지 않겠습니다.

■**練習2**■　次の単語の基本形と「ですます形」を朝鮮語で書いてみましょう.

① 習う／習いますが／習いましたが　② 探す／探しますが／探しましたが

③ 聞く／聞きますが／聞きましたが　④ 読む／読みますが／読みましたが

❷ 形容詞の連体形

すでに学んだ連体形Ⅰ－는〔▶p.70, p.84〕は動詞と存在詞〔▶p.73〕につく形です. 形容詞と指定詞〔▶p.53〕にはⅡ－ㄴという別の形を用います. 動詞と存在詞は第Ⅰ語基と組み合わせる, **形容詞と指定詞は第Ⅱ語基と組み合わせる**ということに気をつけてください.

㉠ 크다	[形] 大きい
㉡ 작다 /작따/	[形] 小さい
㉢ 같다 /간따/	[形] 同じだ, ～のようだ

26 03

大きい 大きい～ 小さい 小さい～

■**練習3**■　次の文を読み, 日本語に訳してみましょう.

26 04

①저 제일 **큰** 건물이 도서관입니까?　②우리는 **같은** 고등학교에 다녔습니다.

③텔레비전 **같은** 것은 보지 않습니다.　④학생이 **아닌** 사람이 저기에 있습니다.

⑤학교 옆에 있는 **작은** 카페에 동아리 친구들하고 같이 잘 다닙니다.

⑥돈이 **많은** 사람이 아니지만 아주 **좋은** 사람입니다.

㉣ 동아리	[名] サークル

26 05

❸ 文末での「ていねいさ」

日本語の「ですます形」語尾にはその名のとおり「～です」と「～ます」がありますが〔▶p.109〕, 「～です」には「これは本**です**」のような「断定」の用法と「この本はやさしい**です**」のように「ていねいさ」をあらわす用法があります. 前者は「～だ」を置き換えててていねいにする「～です」であり, 後者は形容詞の終止形に**くっつけててていねいにする**「**～です**」です. 後者には形容詞以外につく以下のような例もあります.

　　　「どうも**です**」　　　「ごうろうさま**です**」　　　「しなきゃ**です**ね」

　　　「よろしく**です**」　　　「おつかれさま**です**」　　　「そうかも**です**ね」

朝鮮語でていねいさをあらわす「〜です」にあたる形に −요があります. **単語や文の後ろにくっついてそれらにていねいな響きをもたせる役割**があります. 上がり調子で発音すれば「〜ですか」の意味になり，相手のことばに対して聞き返す場合などに用います.

−요はまた文の途中で区切りをつけるために用いられることもあります. 日本語の「〜ですね」などと似ています. なお似た表現に말이다《〜のことだ》があります.

■練習4■ 次の文を読み，日本語に訳してみましょう.

① 결혼하셨습니까? —결혼**요**? 아니**요**, 아직**요**.

② 이미선 교수님 아십니까? —이미선 교수님**요**? 그 한국어 교수님 **말입니까**?

③ 저는**요**, 텔레비전 같은 것은**요**, 거의 안 봅니다. 집에서는**요**, 라디오만 듣습니다.

㉐ 결혼 /겨론/	[名] 結婚【結婚】

《参考》아니요《いいえ》の요も実はていねいさをあらわす −요なのです. たとえば①を결혼? 아니, 아직. 《結婚？いや，まだ. 》と言っても実質的な意味は替わりませんが，いわゆる「タメグチ」口調になってしまいます. 「タメグチ」そのものは第29課以降で学びます.

▲ 疑問詞「どのように」

어떻게《どのように》という疑問詞があります. 어떻게 되다《どのようになる》で名前や年齢などをていねいに尋ねる場合に用います.

㉛ 어떻게 /어떠케/	[副] どう，どのように，どうやって
㉜ 성함 /성암/	[名] お名前【姓銜】
㉝ 연세	[名] お年【年歳】
㉞ 형제	[名] 兄弟【兄弟】

■練習5■ 次の文を読み，日本語に訳してみましょう.

① 학교까지 **어떻게** 갑니까? ② 선생님은 **어떻게** 생각하십니까?

③ 성함이 **어떻게** 되십니까? —김현철이라고 합니다.

④ 연세가 **어떻게** 되십니까? —한국 나이는 올해 스물 셋입니다.

⑤ 취미가 **어떻게** 되십니까? —취미요? 저는 운동 경기를 보는 것을 좋아합니다.

5 ティグッ不規則用言

듣다《聞く》のように第Ⅰ語基の最後の終声字ㄷが第Ⅱ語基，第Ⅲ語基でㄹに替わる用言を子音字ㄷの名称ティグッ〔▶p.55〕をとって**ティグッ不規則用言**と呼びます.

ㅋ 듣다/듣따/	[動] 聞く〈既習〉
ㅂ 묻다/묻따/	[動] 尋ねる

第Ⅰ語基が終声字ㄷで終わる用言がかならず不規則用言なのではありません．たとえば받다《受け取る》は，第Ⅰ語基 받，第Ⅱ語基 받으，第Ⅲ語基 받아であることからわかるとおり規則用言です．

■**練習6**■ 次の文を読み，日本語に訳してみましょう.

① 편지 **받으셨습니까?** — 네, **받았습니다.**

② 그 얘기 어디서 **들으셨습니까?** — 대학원 수업에서 **들었습니다.**

③ 누구에게 그것을 **물으셨습니까?** — 반 친구에게 **물었습니다.**

우에다 : 김현철 씨는 형제가 어떻게 되십니까?

김현철 : 남자는 저 혼자이지만 누나가 둘 있습니다.

우에다 : 저…, 결혼하셨습니까?

김현철 : 결혼요? 누나 말입니까? 큰 누나는 결혼했지만 작은 누나는 아직….

우에다 : 아니요, 김현철 씨요.

김현철 : 저요? 그것은 또 왜 물으십니까?

우에다 : 아니요, 그냥요.

김현철 : 결혼했습니다. 같은 대학 동아리 여자 친구하고요.

第**27**課　希望をあらわす「～したい」

　野村さんが加わっての食事の話から，上田さんと野村さんは金賢哲さんの家に遊びに行くことになりました．

> 上　　田：金賢哲さんは日本の食べものがお好きですか？
>
> 金賢哲：はい，好きですよ．でも<u>家ではやはり</u>**❻**韓国の食べものを食べます．
>
> 野　　村：わあ！<u>いいですねえ</u>**❶**．私もいちどおいしい<u>韓国料理</u>**❻**を<u>食べたいです</u>**❸**
>
> 金賢哲：それではうちにいらっしゃいませんか？<u>おいしい料理</u>**❻**を準備しますよ．<u>次の日曜日</u>**❻**<u>時間</u>よさそうですか**❷**？
>
> 野　　村：わあ！<u>ほんとうですか</u>**❻**？かならず行きます！
>
> 金賢哲：<u>それはよかった</u>**❶❺**．それでは日曜日に**❻**おふたりいっしょに<u>遊びに</u>**❹**いらっしゃい．

---

❶ 感嘆をあらわす終止形

　「ですます形」には「発見，驚き」のニュアンスを含む，いわゆる感嘆をあらわす形があり，Ⅰ－네요を用います．補助語幹Ⅲ－ㅆ－を加えた過去語幹を用いることもできます．

ありますねえ	ありませんねえ	ありましたねえ	ありませんでしたねえ
있 네 요	없 네 요	있어 ㅆ 네 요	없어 ㅆ 네 요

■練習1■ 次の文を読み，日本語に訳してみましょう．

　①우와, 정말 **맛있네요**.　　　　②아침부터 비가 많이 **오네요**.

㉠ 우와	[間] わあ
㉡ 정말	[名] ほんとう，ほんとうに【正・】

ㄷ 맛있다 /마싣따/   [存] おいしい

---

2 用言の推量形

　英語 *will*《〜する，〜だろう》が意思と推量という両方の意味をもつのと同じく，朝鮮語でも推量をあらわすのにⅠ－겠－を用いることができます．この意味では過去をあらわす補助語幹と組み合わせることができ，その場合Ⅲ－ㅆ－，Ⅰ－겠－の順序で並べます．

　またⅠ－겠－は英語 *would*《〜だろう》と同じく，あえてストレートでない遠回しな表現をすることで，ていねいさ，控えめさをあらわすことがあります．

■**練習2**■　次の文を読み，日本語に訳してみましょう.

　① 서울에서는 내일 오전 한 때 눈이 **오겠습니다**.

　② 시간이 많이 **걸리겠습니까?**   ③ 여행 정말 **재미있었겠네요**.

---

3 「〜したい」

　「〜したい」という希望をあらわす形は，次のように2つの単語を組み合わせてあらわします．否定形は，短い否定形を用いてⅠ－고 싶다全体の前에 안を置くか，あるいは長い否定形を用いてⅠ－고 싶지 않다とします．なおⅠ－고 싶다は形容詞です.

　　《参考》Ⅰ－고は単独では「〜して」という意味ですが，Ⅰ－고 싶다という形ではその意味はあらわれません．また 싶다だけで用いることはありません.

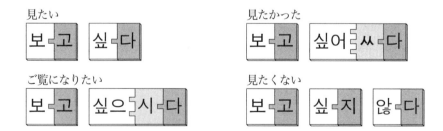

■**練習3**■　次の文を読み，日本語に訳してみましょう.

　① 선생님! 화장실에 **가고 싶습니다**.   ② 저는 중국어도 **배우고 싶었습니다**.

　③ **사고 싶은** 것이 많이 있습니다.   ④ 정말 그 사람과 **결혼하고 싶으십니까?**

❹ 接続形「～しに」

動作の目的を示す「～しに」はⅡ－러です. 後ろに 가다や 오다が続くことが多いです.

■**練習4** ■ 次の文を読み，日本語に訳してみましょう.

27 05

① 옷을 **사러** 백화점에 갔습니다.　② 그러면 그 분과 같이 한번 **놀러** 오십시오.

③ 점심을 **먹으러** 식당에 왔습니다.　④ 반 친구와 같이 영화를 **보러** 가겠습니다.

ㅌ	그러면	[接] それでは
ㅍ	분	[名] 方（かた）
ㅎ	한번	[副] 一度【·番】
ㅋ	놀다	[動] 遊ぶ

27 06

❺ 「なる」の第Ⅲ語基

되다《なる》の第Ⅲ語基 되어は話しことばで 돼 という形が広く用いられます.

ㅇ	되다	[動] なる，できる，いい，大丈夫だ〈既習〉

27 07

《参考》第Ⅲ語基をつくる어の母音字を되の右側に1文字にまとめて書いたものが돼です. 되と돼は同じ音なので朝鮮人も 됩니다，됬습니다 のように書きまちがえることがありますが，**第Ⅰ語基，第Ⅱ語基は 되，第Ⅲ語基は 돼と書き分ける**のが正しいつづりです.

❻ ヤ行音のニャ行音化【発音変化】

　子音字で終わる単語にヤ行音ではじまる単語（またはそれに準ずるもの）が続くと，連音せずにヤ行音をニャ行音で発音します. つづりは替わりません. これを**ヤ行音のニャ行音**

化と呼ぶことにします.

일본 요리《日本料理》	/일보뇨리/	ではなく	/일본**뇨**리/
베트남 요리《ベトナム料理》	/베트나묘리/	ではなく	/베트남**뇨**리/
평양역《平壤駅》	/평양역/	ではなく	/평양**녁**/

《参考》日本語で「反応」が「はんのう」と発音される現象と似ています.

前の要素がつまる終声/ㅂ/, /ㄷ/, /ㄱ/〔▶p.37〕で終わると/ㄴ/の影響で鼻音に替わり〔▶p.58〕, 前の要素が/ㄹ/で終わるとニャ行音がリャ行音に替わります〔▶p.69〕.

| 한국 요리《韓国料理》 | /한구교리/ | ではなく | /한국**뇨**리/ | ☞ | /한궁**뇨**리/ |
| 서울역《ソウル駅》 | /서우력/ | ではなく | /서울**녁**/ | ☞ | /서울**력**/ |

《参考》漢数字 십육《十六》が/심뉵/と発音され〔▶p.62〕, 무슨 요일《何曜日》が/무슨뇨일/と発音される〔▶p.65〕のはヤ行音のニャ行音化のためなのです. この現象は後ろの要素が/이/の場合にも起こる（/니/と発音される）ことがあります. また文末でていねいさをあらわす－요〔▶p.123-124〕でもこの現象が起こることがあります.

우에다 : 김현철 씨는 일본 음식을 좋아하십니까?

김현철 : 네, 좋아합니다. 그렇지만 집에서는 역시 한국 음식을 먹습니다.

노무라 : 우와! 좋네요. 저도 한번 맛있는 한국 요리를 먹고 싶습니다.

김현철 : 그러면 우리 집에 안 오시겠습니까? 맛있는 요리를 준비하겠습니다. 다음 일요일에 시간 되겠습니까?

노무라 : 우와! 정말요? 꼭 가겠습니다!

김현철 : 잘 됐네요. 그러면 일요일에 두 분 같이 놀러 오십시오.

第 **28** 課　勧誘をあらわす「〜しましょう」

上田さんと野村さんは，金賢哲さんと待ち合わせをします．

> 上　　田：金賢哲さん，こんにちは．
>
> 金賢哲：こんにちは．上田さん．
>
> 　　　　野村さんといっしょに来なかったんですか❷？
>
> 上　　田：野村さんはまだ着いていないんですか❶❷？
>
> 金賢哲：まだ来ていません❷．もう少し待ってみましょう❹❻．
>
> 　　　　　　＊　　　＊　　　＊　　　＊
>
> 金賢哲：あ，野村さん来ましたね．
>
> 野　　村：金賢哲さん！ずいぶんお待ちになったでしょう❺？
>
> 　　　　用事があって❸遅れました．ほんとにすみません．
>
> 金賢哲：いいえ，大丈夫です．さあ，早く行きましょう❻．

❶「名詞＋する」の否定形

　공부하다《勉強する》のような「名詞＋하다」からなる動詞に短い否定形〔▶p.109〕を用いる際には 안 공부하다 ではなく 공부 안 하다《勉強しない》とします．안は名詞の前に置くことができず，純粋な動詞そのものの直前に位置することになっているのです．

　なお，長い否定形〔▶p.109〕では 공부하지 않다《勉強しない》になります．

■練習1■　次の文を読み，日本語に訳してみましょう．

① 일요일에는 **공부 안 합니다.**　② 그 사람과는 **결혼 안 하겠습니다.**

③ 지금은 **아르바이트 안 합니다.**　④ 노무라 씨에게는 **전화 안 했습니다.**

⑤ 시간이 있으시면 우리와 같이 **식사 안 하시겠습니까?**

❷ 否定の過去形があらわす「〜していない」

　否定の過去形はもちろん「〜しなかった」と訳せますが，そのほか特に「まだ」といっしょに用いられて，「〜していない」の意味をもつことがあります

■**練習2**■　次の文を読み，日本語に訳してみましょう.

①아침을 아직 **안 먹었습니다.**　②비행기는 아직 **도착하지 않았습니다.**

■**練習3**■　次の文を朝鮮語で書いてみましょう（短い否定形で書きましょう）.

①私はまだ宿題をしていません.　②昨日は宿題をしませんでした.

　《参考》「〜した」の否定は「〜しなかった」以外に「〜していない」でもあります. 「〜した／〜しなかった」は英語の過去形 *I ate lunch*《食べた》と *I did not eat lunch*《食べなかった》に相当し，「〜した／〜していない」は英語の現在完了形 *I have eaten lunch*《食べた》と *I have not eaten lunch*《食べていない》に相当します. 朝鮮語は日本語と異なり否定でも過去形と現在完了形の区別がないため「まだ〜していない」を過去形であらわすのです.
　なお「まだ〜しない」は「もう〜した」の否定ではないので過去形を用いません〔▶p.59〕.

❸ 接続形「〜して」・その2

　「〜して」にあたる形として学んだⅠ-고〔▶p.79〕はおもに動作の羅列をあらわし，一方あることがらが次のことがらの理由になる「〜して」にはⅢ-서を用います. 「〜したので」のように訳せる場合もありますが，その場合も過去の補助語幹Ⅲ-ㅆ-は用いません.

　《参考》たとえば「お昼ごはんを**食べて**学校に行きました」ならばⅠ-고，「たくさん**食べて**おなかがいっぱいです」ならばⅢ-서を用いるわけです. また過去の補助語幹を用いないということは，먹었서，있었서などの形はありえないということです.

食べて	食べて（食べる／食べたので）	あって	あって（ある／あったので）
먹-고	먹어-서	있-고	있어-서

■**練習4**■　次の文を読み，日本語に訳してみましょう.

①밖에서 일이 **있어서** 늦었습니다.　②사람이 **많아서** 세 시간 기다렸습니다.
③시간이 **없어서** 택시를 탔습니다.　④불고기를 **먹고 싶어서** 그 식당에 갑니다.
⑤연락이 **늦어서** 죄송합니다. ―아니요, 괜찮습니다.

㉠ 죄송하다 /죄송아다/	［形］すまない【罪悚‥】
㉡ 괜찮다 /괜찬타/	［形］かまわない，大丈夫だ，悪くない

４「～してみる」

　「読んでみる」のように「ためしに～する」という「～してみる」には日本語と同じく動詞「見る」であらわします．「～して」には第Ⅲ語基を用います．日本語では単に「～する」というところを朝鮮語では「～してみる」のようにあらわす場合も少なくありません．

読んでみる
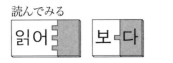

聞いてみる
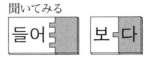

　　《参考》「用言は「語幹＋語尾」からなる」〔▶p.29〕という原則を崩すのは具合がわるいので，第Ⅲ語基と空っぽの語尾（－Øと書く）を組み合わせるものと解釈します．「～して」にあたる形にはⅠ－고，Ⅲ－서に加えてⅢ－Øがあることになります．

■練習5■　次の文を読み，日本語に訳してみましょう．
①먼저 그 얘기부터 **해 보십시오**.　　②저는 베트남 요리를 처음 **먹어 봤습니다**.
③네, 제가 한번 **읽어 보겠습니다**.　　④박물관을 **찾아 봤지만** 쉬는 날이었습니다.

28 06

５ 確認をあらわす終止形

　「～でしょう？，～しますよね？」のように聞き手に確認を求める，いわば念を押す形があり，これをⅠ－지요であらわします．特に話しことばでは縮まってⅠ－죠となることが多いです．Ⅲ－ㅆ－を加えた過去語幹を用いることもできます．

ありますよね？　食べますよね？
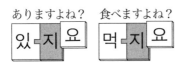

ありましたよね？
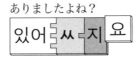

食べましたよね？
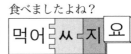

■練習6■　次の文を読み，日本語に訳してみましょう．
①이 버스 서울역에 **가죠**?　　②아, 내일은 단어 시험 **없었죠**?
③댄스도 좀 **배워 보고 싶죠**?　　④우에다 씨도 오늘 시간 **괜찮죠**?

28 07

ㅎ 아	［間］あ
ㅌ 좀	［副］少し，ちょっと

28 08

❻ 用言の勧誘形

「〜しましょう」にあたる勧誘形はⅡ－ㅂ시다です．目上にはふつう使いません．そもそも朝鮮語では，目上に勧誘や命令をすること自体が想定されていないといえるでしょう．

見ましょう
보 ｜ ㅂ시다

聞きましょう
들으 ｜ ㅂ시다

■**練習7**■ 次の文を読み，日本語に訳してみましょう． 28 09

①우리 여기에 같이 좀 **앉읍시다.**　②날씨가 괜찮으면 야구를 보러 **갑시다.**

③여기서 10분만 더 **기다려 봅시다.**　④아, 맛있겠네요. 자, 빨리 **먹읍시다.**

28 10

オ	더	[副] さらに，もう，もっと
カ	자	[間] さあ
キ	빨리	[副] 早く

《参考》 「もう少し」などの「もう」は日本語と朝鮮語で順序が逆になります．

28 11

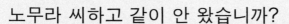

우에다 : 김현철 씨, 안녕하세요?

김현철 : 안녕하세요? 우에다 씨.
노무라 씨하고 같이 안 왔습니까?

우에다 : 노무라 씨는 아직 도착 안 했습니까?

김현철 : 아직 안 왔습니다. 좀 더 기다려 봅시다.

*　*　*　*

김현철 : 아, 노무라 씨 왔네요.

노무라 : 김현철 씨, 많이 기다리셨죠?
일이 있어서 늦었습니다. 정말 죄송합니다.

김현철 : 아니요, 괜찮습니다. 자, 빨리 갑시다.

第29課　パンマルとへヨ体

金賢哲さんの家に着きます. 妻の李美善（イ・ミソン／り・びぜん）さんが登場します.

金賢哲：食事の準備全部できてるよね**13**？

李美善：うん，みんなできてるわ**1**. 食事先にする**1**？

金賢哲：それが**4**いいだろう**1**.

　　　　　　＊　　　＊　　　＊　　　＊

李美善：おなかおすきでしょう？

上　田：はい….

野　村：おなかすいてます**25**！ 朝ごはん食べないで来ました**2**！

上　田：実は私もです….

金賢哲：はい，となりの部屋でいっしょに食べましょう.

---

❶ パンマル（タメグチ）

　朝鮮語にも日本語と同じく「ですます形」とは別の，俗に言う「タメグチ」にあたる形があります. これを**パンマル**といい，用言の第Ⅲ語基をそのまま用いてあらわします.

　パンマルでは平叙形と疑問形は同じ形で，イントネーションと文脈で区別をします. 勧誘形，命令形の形の区別もありません.

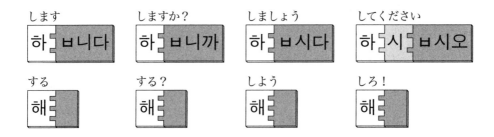

　《参考》正確には「～してみる」の「～して」〔▶p.132〕と同じ形，つまりⅢ－Øです. ただし文法的には「～して」とパンマルは別のものとして扱います.

　パンマルとは반말と書き，반《半》，말《ことば》のことです. 語尾がない（ように見える）ことが「半分の」「不完全な」ことばづかいに見えるのでしょう.

- 134 -

■**練習1**■　次の文を読み，日本語に訳してみましょう.

①엽서는 편의점에서도 **팔아**?　②오늘 날씨 **괜찮아**? 비 **안 와**?

③음료수 **마셔**? —그냥 물이 **좋아**.　④도서관 앞에서 좀 **기다리고 있어**!

　過去形，意思形，尊敬形のパンマルも現在形と同じく「語尾 −다を어に取り替える」と考えてパンマルをつくることができます（ただし어は語尾ではありません）.

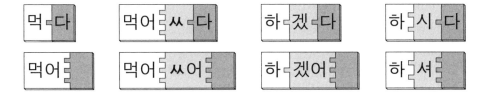

　　《参考》먹다の基本語幹〔▶p.92〕が第Ⅰ語基먹, 第Ⅲ語基먹어であるのと同じく，過去語幹〔▶p.93〕は第Ⅰ語基먹었, 第Ⅲ語基먹었어です. 먹었が먹어と −ㅆ−から作られるように，먹었어は먹어と −ㅆ어−から作られます. −ㅆ−, −ㅆ어−は過去をあらわす補助語幹〔▶p.92〕の第Ⅰ語基, 第Ⅲ語基です. 補助語幹はそれぞれ３つの語基をもちます.

■**練習2**■　次の文を読み，日本語に訳してみましょう.

①편지 **받았어**? —응, 어제 **받았어**.　②그 사람을 언제까지 **기다리겠어**?

③숙제 다 **했어**? —지금 **하고 있어**.　④교수님은 지금 연구실에 **안 계셔**.

㉮ 응	[間] うん
㉯ 다	[副] みんな, 全部, すっかり

　　《参考》パンマル받아の過去形は받았아にはなりません. −ㅆ−は아を加える条件を満たさないので어を加えて −ㅆ어−となり，そのあとで받아と組み合わせるからです.

■**練習3**■　次の用言を用いて「待つ？—はい, 待ちます」のように，パンマルの疑問文と「ですます形」平叙文のやりとりをしてみましょう. また過去形でも言ってみましょう.

①待つ　　②食べる　　③飲む　　④読む　　⑤わかる

⑥行く　　⑦休む　　⑧いる　　⑨多い　　⑩つまらない

❷ もう１つの「ですます形」

パンマルに −요〔▶p.123−124〕を加えた形が「ですます形」として通用します.

する

します

食べる

食べます

−요を用いる略式の「ですます形」を하다《する》を用いて**ヘヨ体**と呼びます. 一方Ⅱ
−ㅂ니다, Ⅱ−ㅂ시오などの形を**ハムニダ体**と呼びます. 用法の違いは次課で説明します.

■**練習４**■ 練習１, ２のそれぞれ①②③をヘヨ体とハムニダ体に替えてみましょう.

❸ 各種終止形の「ですます形」と「タメグチ」

すでに学んだⅠ−네요, Ⅰ−지요は「ですます形」ですが, 対応する「タメグチ」として
Ⅰ−네, Ⅰ−지があります. −요がていねいさをあらわしているわけです.

あるねえ
있−네

ありますねえ

あるよね？
있−지

ありますよね？

❹ 話しことばでの代名詞と助詞との組み合わせ・その１

이것《これ》などの代名詞は話しことばで終声字ㅅが消えて이거などとなり, 助詞「〜
が」がつくと이게などとなります. 이거と−이《〜が》の母音字ㅣが縮まった結果です.

㉲ 이거	[代] これ〔話しことば〕
㉳ 그거	[代] それ〔話しことば〕
㉴ 저거	[代] あれ〔話しことば〕
㉵ 어느 거	[代] どれ〔話しことば〕
㉶ 이게	[代+助] これが〔話しことば〕
㉷ 그게	[代+助] それが〔話しことば〕
㉸ 저게	[代+助] あれが〔話しことば〕

ㅋ 어느 게 　　　　　　　　　　[代+助] どれが〔話しことば〕

---

5 第Ⅰ語基が ― で終わる用言の第Ⅲ語基

　第Ⅰ語基が母音字 ― で終わる 크다《大きい》などの第Ⅲ語基は ― が消えます．直前の文字が母音字 ㅏ，ㅗを含む場合 아を加え，それ以外の場合 어を加えます．아，어は母音字を失った子音字と組み合わせて 1 文字とするため母音字 ㅏ，ㅓのみを表記します．

 　　　　　　　　　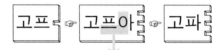

ㅌ 고프다 　　　　　　　　　　[形]（おなかが）すいている　　　

■**練習5**■　次の文を朝鮮語で書いてみましょう（ハムニダ体とヘヨ体で書きましょう）．
　①実は私もおなかがすいています．　　②社会学のレポートは何を書きましたか？

ㅅ 사실 　　　　　　　　　　　[名] 実，事実【事実】　　　
ㅈ 배 　　　　　　　　　　　　[名] おなか

　김현철 : 식사 준비 다 됐지?　　　　　　　　　　

　이미선 : 응, 다 됐어. 식사 먼저 해?

　김현철 : 그게 좋겠어.

　　　　　　　　*　　*　　*　　*

　이미선 : 배 고프시죠?

　우에다 : 네….

　노무라 : 배 고파요! 아침 안 먹고 왔어요.

　우에다 : 사실은 저도요….

　김현철 : 네, 옆 방에서 같이 먹읍시다.

第**30**課 ヘヨ体の尊敬形

いっしょに食事をはじめる場面です.

野　村：わあ！ おいしそうですねえ.

上　田：<u>これを</u>❷みんなひとりで<u>作られたんですか</u>❶？

李美善：いいえ, いっしょに作ったんですよ.

野　村：ほんとに？ 金賢哲さんも<u>料理をなさるんですか</u>❶？

金賢哲：さあ, 早く食べましょう.

李美善：<u>おいしくないですけど</u>❸たくさん<u>召し上がってください</u>❶.

野　村：いただきます！

上　田：いただきます！

---

❶ ヘヨ体の尊敬形

　ヘヨ体はパンマル（用言の第Ⅲ語基. 正確にはⅢ－Ø）に－요を追加したものですが, 尊敬の補助語幹Ⅱ－시－の第Ⅲ語基－셔－が－요と隣り合わせになると－셔요は－세요になります. ただし過去形では－셔－と－요は隣り合わせになりませんから用言の第Ⅱ語基に続く形は－셨어요です. －셨어요という形はありません.

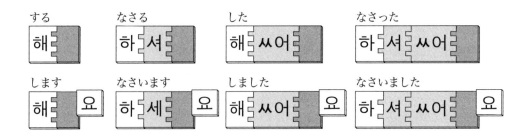

　《参考》－세요は本来はソウル方言です. 実際には－셔요も用いられるのですが, 首都の方言が標準語となったわけです. みなさんは－세요で覚えましょう.
　계시다《いらっしゃる》, 드시다《召し上がる》, 주무시다《お休みになる》など特別な尊敬形でも同じ現象が起きます. 계시다の第Ⅲ語基は계셔ですが, －요と隣り合わせになると계세요になります. 마시다《飲む》の시は尊敬の意味ではないので마세요になりません.

「こんにちは」にあたる안녕하십니까と안녕하세요はハムニダ体とヘヨ体の違いなのです. 基本形（原形）は안녕하다《元気だ》です.

　　　　　　　　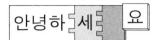

　ハムニダ体とヘヨ体の違いは안녕하십니까と안녕하세요の違い〔▶p.100-101〕とほぼ並行的です. ハムニダ体は「ですます形」の文章語で用いられますが, ヘヨ体は子供向けの絵本などをのぞけば文章語として用いられることは少なく, もっぱら会話用の文体です.

　ハムニダ体はヘヨ体より格式ばった言い方であるため, 放送やスピーチなど公的な場や, 礼儀をわきまえるべき会話で用いられます. ヘヨ体は親しみのこもった打ち解けたやわらかい語感の文体です. そのためか女性にはハムニダ体よりヘヨ体が好まれるようです. ただし最初は目上に対してはハムニダ体を用いるのが無難です.

　　《参考》ハムニダ体とヘヨ体の使い分けには地域差もあるようです. ソウルでは男女を問わずヘヨ体をさかんに用います.

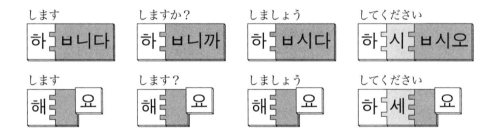

　平叙形と疑問形に関してはヘヨ体とハムニダ体は同じていねいさと考えていいでしょう.
　勧誘形はヘヨ体もハムニダ体と同じく, 目上に使うのにふさわしい形ではありません.
　命令形はそのまま用いるとていねいさが落ちるので, ハムニダ体がそうであるように, 尊敬の補助語幹Ⅱ－시－を挟んで하세요とします. 하세요は命令形のほか하십니다, 하십니까のヘヨ体としてももちろん用いることができます.

　　《参考》勧誘形に関しては, ハムニダ体ではⅡ－시－を加えた하십시다が可能なのに対して, ヘヨ体には対応する하세요という形がありません.

■**練習1**■　第29課の練習3の用言を用いてヘヨ体で「お待ちになりますか？―はい, 待ちます」のような尊敬形疑問文と非尊敬形平叙文のやりとりをしてみましょう.

❷ 話しことばでの代名詞と助詞との組み合わせ・その２

　이거《これ》など代名詞の話しことば形〔▶p.136–137〕に「～は」や「～を」が続くと，助詞にも以下の話しことば形が用いられることがあります．

㋐	－ㄴ	[助] ～は〔話しことば〕
㋑	－ㄹ	[助] ～を〔話しことば〕

　上の助詞は終声字のみからなるので이건《これは》，이걸《これを》となりますが，이거는《これは》のように代名詞のみ話しことば形になることもあります．また－ㄴ，－ㄹは여긴《ここは》，어딜《どこを》のように場所の代名詞，전《私は》のように「こそあどことば」以外の代名詞にも用います．－에선《～では，～からは》のような用法もあります．
　関連して疑問詞「何」の話しことば形もあげておきましょう．

㋒	무어/뭐	[代] 何〔話しことば〕

■練習２■　次の文を読み，日本語に訳してみましょう．

①**이거**하고 **저걸** 주세요.　　②**거긴** 주말엔 사람들이 아주 많아요.
③**전** 같이 안 가도 되죠?　　④**어느 게** 김 선생님이 쓰신 책입니까?
⑤**우린** 지금 **무얼** 하면 돼요?　　⑥**그걸** 일본말로 **뭐**라고 합니까? ―**뭘**요?

❸ もう１つの連音のルール【発音変化】

　맛있다《おいしい》，맛없다《まずい》は，맛이 있다，맛이 없다（直訳すれば「味がある，味がない」）から助詞 －이 が省略された形（つまり「味ある，味ない」）です．

㋓	맛 /맏/	[名] 味
㋔	맛있다 /마싣따/	[存] おいしい〈既習〉
㋕	맛없다 /마덥따/	[存] まずい

　助詞が省略されると 맛《味》が連音しますが，없다《ない》のような**後ろに独立して用い**

られる単語が続く場合，その前の終声字のつづりではなく実際の音が入り込むというルールがあります．맛없다は/맏/と/업따/が連音し/마덥따/となります．独立して用いられる単語は前の要素との間に「壁」を感じるため，いったん前の要素をそれのみで発音しようという意識がはたらくのです．この現象を連音と区別して**絶音**と呼ぶことがあります．

　　《参考》ここでいう「独立して用いられる単語」を「文頭に用いられる単語」と言い換えることもできるでしょう．国文法の「自立語」にほぼ相当します．そうだとすれば맛있다《おいしい》も/마딛따/となるはずですが，実際はふつう例外的に/마싣따/と発音します．/마시읻따/の/시읻/が縮まったためだと思われます．
　　몇 월《何月》も絶音の例です．월《月》は朝鮮人の意識としては独立した単語なので/면/と/월/が連音し/며뤌/と発音されます．ただし「何日」は/며칠/と発音され，発音どおり며칠とつづります．語源が몇《いくつ》と일《日》を合わせたものではないことが理由です．

■**練習3**■　次の文を読み，日本語に訳してみましょう．
　①생일이 **몇 월** 며칠입니까? ― 10월 9일입니다. ― 우와, 한글날이네요.
　②이거 **맛없지만** 많이 드세요. ― 정말 맛이 있어요! 누가 만들었어요?

㉠ 며칠	[名] 何日	
㉡ 만들다	[動] 作る	

　　《**参考**》疑問詞「だれ」に「～が」がつくと누구가ではなく누가となります．

노무라 : 우와! 맛있겠네요.
우에다 : 이걸 다 혼자 만드셨어요?
이미선 : 아니요, 같이 만들었어요.
노무라 : 정말요? 김현철 씨도 요리를 하세요?
김현철 : 자, 빨리 먹읍시다.
이미선 : 맛없지만 많이 드세요.
노무라 : 잘 먹겠습니다!
우에다 : 잘 먹겠습니다!

テスト：作文練習・その2

■ 第26課 ■

①それもいいですけどこれもおもしろいです.

②ずいぶん待ちましたがその人は来ませんでした.

③5000万ウォンは小さなお金ではありません.

④もともとスポーツみたいなものはやるのも見るのも好きではありません.

⑤名前をロシア語でどのように書きますか？

⑥その人にそれをお尋ねになったらいけません.

* * * * * * * *

②「ずいぶん」は「たくさん，多く」を使います〔▶p.97〕.

■ 第27課 ■

①私は野球選手になりたかったです.

②いまはひとりでいたいです.

③みなさんが住みたい国はどこの国ですか？

④私も明日は時間がなさそうです.

⑤土曜日の午後母といっしょに買い物をしにデパートに行きました.

⑥ハングルをじょうずにお書きになりますねえ.

* * * * * * * *

②「ひとりでいる」ことを希望するとも解釈できるし，また「ひとりだ」ということを希望するとも解釈可能です.

③「〜たい」は形容詞です. 「どこの国」は「どの国」と考えます. 「疑問詞＋ですか」構文にも気をつけましょう.

⑤「買い物」〔▶p.77〕.

⑥「じょうずに」は「よく」を使います.

■ 第28課 ■

①上田さんには連絡しませんでした.

②先生はまだいらしていません.

③それでは次にまた行ってみましょう.

④機会をくださりありがとうございます.

⑤朴俊浩先生でいらっしゃいますよね？

⑥マンションのとなりにスーパーがありましたよね？

＊　＊　＊　＊　＊　＊　＊　＊　＊

①②短い否定形を使ってみましょう．

②「いらしていません」は「来ていません」の尊敬形です．

④「**機会**」＝「飛行**機**」＋「**会**社」．「くださる」は「くれる」の尊敬形です．

⑤「～でいらっしゃる」の日本語の非尊敬形をまず考えてみましょう．

■第29課■

①家でラーメン食べる？

②その手紙書いた？

③実はお金がないんだ．

④このおかずすごくおいしいなあ．

⑤駅前に郵便局あるよね？

⑥コーヒー１つくれ．

＊　＊　＊　＊　＊　＊　＊　＊　＊

①～⑥をすべてパンマル（タメグチ）で書いてみましょう．

①～⑤をそのあと対応するヘヨ体に替えてみましょう（⑥のヘヨ体は30課で学びます）．

①～③と⑥をこんどは対応するハムニダ体に替えてみましょう．

④感嘆をあらわす終止形〔▶p.126〕を使ってみましょう．

■第30課■

①フランス映画をご覧になりますか？

②何をお探しですか？

③韓国料理を召し上がりますか？

④先生が教室で待っていらっしゃいます．

⑤紅茶１つください．

⑥誕生日は何月何日でしたか？

＊　＊　＊　＊　＊　＊　＊　＊　＊

①～⑥をすべてヘヨ体で書き，そのあとハムニダ体に替えてみましょう．

①「フランス」〔▶p.77〕．

②「何を」は短縮形を使ってみましょう．

④進行形と非進行形の両方で書いてみましょう．

⑤命令形でなので尊敬形にしてから語尾をつけます．

第31課　指定詞のヘヨ体

いろいろな料理があります．上田さんと野村さんが質問します．

> 李美善：これはプルコギです**❶**．召し上がってみてください．
>
> 野　村：わあ！ おいしいですねえ．ところで私たちが韓国料理店で
> 食べるのは**❷**ちょっと辛いですが**❸**これは辛くないですね**❸**．
>
> 李美善：これが私たち韓国人が家で作るプルコギです**❶**．
>
> 金賢哲：韓国の食べものがみんな辛い**❸**のでは**❷**ないですよ**❶**．
>
> 野　村：これは何のおつゆですか**❶**？
>
> 李美善：キムチチゲっていいます．これはちょっと辛いですよ**❸**．
>
> 野　村：すごくおいしいです！ 私は辛い**❸**ものが**❷**とても好きです．
>
> 上　田：野村さんは食べられない**❹**ものが**❷**ないですよ．

❶ 指定詞のヘヨ体とパンマル

　指定詞－이다《～だ，～である》，아니다《～でない》の第Ⅲ語基は－이어（母音字の後ろで－여），아니어ですが〔▶p.96, p.105〕，ヘヨ体でこれらが－요と隣り合わせになると－이에요（母音字の後ろで－예요），아니에요になります（－셔요が－세요になる〔▶p.138〕のと似ています）．パンマルは－이야（母音字の後ろで－야），아니야です．

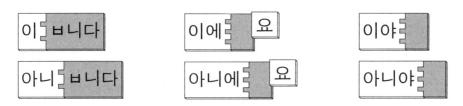

　《参考》－이다の이は連音の際に変形できず，逆に連音しない場合이という形を保つ必要がありません〔▶p.96〕．－입니다などでも連音しない場合に이を発音しないことがあるのはこのためです〔▶p.85〕．－이에요と－이야は連音しない場合이を発音もせず表記もしません．이は子音で終わる単語を連音させて聞き取りやすくする「受け皿」だと言えます．

　なお이が省略された－에요を－예요と書く傾向が強まっており，本書はそれにしたがいました（ただし発音は/에요/です．リクツの上では－예요と書く理由は見いだせません）．

■**練習1**■　次の文を読み，日本語に訳してみましょう．そのあとハムニダ体に替え，さら
に対応するパンマルにも替えてみましょう（パンマルでは「私」の言い方が替わります）．
　①이게 제 노트북**이에요**.　　　　②여기가 제가 다니는 학교**예요**.
　③저는 일 학년이 **아니에요**.　　　④이 교과서가 얼마**예요**? ―만 원**이에요**.

㉠ 나	[代] 私〔対等・目下に対して〕	
㉡ 내	[代] 私の〔対等・目下に対して〕	
㉢ 내가	[代＋助] 私が〔対等・目下に対して〕	

　過去形ではルールどおりヘヨ体が－이었어요（母音字の後ろで－였어요），아니었어
요，パンマルが－이었어（母音字の後ろで－였어），아니었어です．

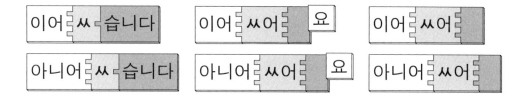

■**練習2**■　練習1をハムニダ体とパンマルを含めて過去形に替えてみましょう．

　上記以外にも連音しない場合に 이 が発音されず，表記もされないことがあります．名詞
にいきなり補助語幹や語尾がついているものは 이 が省略されたものと考えてよいです．

■**練習3**■　次の文を読み，日本語に訳してみましょう．
　①누구**십니까**? ―이미선입니다.　　②이건 닭고기**고** 그건 돼지고기**죠**?

❷ 形容詞の体言形と「もの，の，こと」の話しことば

　動詞の体言形〔▶p.110〕と同じように形容詞，指定詞も体言形を作ることができます．
形容詞，指定詞の連体形Ⅱ－ㄴ〔▶p.123〕に 것 を続けて「～いもの，～いの，～いこと」
などの意味をあらわします．また指示代名詞 이것《これ》などと同じく，것《もの，の，
こと》にも話しことば形 거 があり，助詞と結びついて 게，걸，건 などの形を作ります．

㉣ 거	[名] もの，の，こと〔話しことば〕	

■**練習4**■ 次の文を読み，日本語に訳してみましょう．

①나도 같은 **게** 먹고 싶어.   　②이게 한국 노래**인 걸** 처음 알았어요.

③숙제가 **많은 건 좋은 겁니다.**   ④배 **고픈 게** 제일 좋은 반찬이라고 하죠?

　《**参考**》指定詞－이다は連体形では連音しない場合も 이 が表記も発音も省略されません．
　一方で話しことば形 거 に続く －입니다の 이 は表記も発音も省略されるのがふつうです．

🔳 ピウプ不規則用言

　第Ⅰ語基の最後の文字の終声字が ㅂ である用言の一部は，第Ⅱ語基で ㅂ が消えて母音字 우 がつきます．第Ⅲ語基では ㅂ が消えて母音字 워 がつきます．このようなタイプの用言を子音字 ㅂ の名称ピウプ〔▶p.55〕をとって**ピウプ不規則用言**といいます．

㋩	맵다 /맵따/	［形］辛い
㋕	덥다 /덥따/	［形］暑い
㋖	춥다 /춥따/	［形］寒い
㋗	입다 /입따/	［動］着る，（スボン，スカートを）履く

　《**参考**》ほんとうは ㅂ は消えるのではなく弱まって，具体的には両唇が閉じなくなって w になるのです．第Ⅱ語基は w＋으，第Ⅲ語基は w＋어 なのですが，ハングルでは終声字に w を書くことができないために，w＋으 を 우，w＋어 を 워 と書くわけです．だいたいにおいて動詞は規則用言が多く，形容詞は不規則用言が多いです．

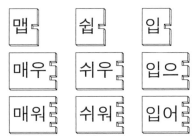

■**練習5**■ 次の文を読み，日本語に訳してみましょう．

①김치찌개는 **맵지만** 불고기는 **안 매워요.**

②시험은 **어려워요? —** 어려운 문제도 있겠지만 열심히 공부하는 학생에겐 **쉬워요.**

③어제까지는 날씨가 **더웠지만** 오늘은 **추워요.** 그래서 스웨터를 **입었어요.**

🔳 不可能形

　否定形 안《～ない》や Ⅰ－지 않다《～ない》に対して不可能形 못《～できない》という形があり，動詞の前に置いて文字どおり「～できない」をあらわします．

《参考》 못 は /몯/ と発音され，続けて読まれる動詞は独立して用いられる単語ですから，たとえば 못 오다《来られない》は絶音〔▶p.141〕によって /모도다/ と発音されます.

■**練習6**■　次の文を読み，日本語に訳してみましょう.
① 동생은 자전거를 **못 탑니다.**　　② 저는 원래 노래를 잘 **못 합니다.**
③ 그런데 내일도 **못 오시겠습니까?**　④ 찌개가 너무 매워서 **못 먹어요.**

ㅋ	그런데	[接] ところで
ㅌ	너무	[副] 〜すぎる，あまりにも，すごく

《参考》 너무 は本来マイナスイメージのことがらがあるレベルを越えていることを指すのが基本的な用法でしたが，現在の話しことばでは 아주 と同じように使います. 話しことばでは単なる「とても」として用いられる点も含めて英語 too《あまりにも》と似ています.

「名詞＋する」の不可能形は否定形に準じ〔▶p.130〕，전화 못 하다《電話できない》のようにいいます. 過去形が「〜できなかった」のほか「まだ〜できていない」の意味になりうるのも否定形と同じです〔▶p.130–131〕.

■**練習7**■　次の文を読み，日本語に訳してみましょう.
① 전화로는 **얘기 못 합니다.**　　② 저는 그 엽서를 아직 **못 받았어요.**

이미선 : 이건 불고기예요. 드셔 보세요.
노무라 : 우와! 맛있네요. 그런데 우리가 한국 식당에서 먹는
　　　　　건 좀 맵지만 이건 맵지 않네요.
이미선 : 이게 우리 한국 사람이 집에서 만드는 불고기예요.
김현철 : 한국 음식이 다 매운 건 아니에요.
노무라 : 이게 무슨 국이에요?
이미선 : 김치찌개라고 해요. 이건 좀 매워요.
노무라 : 너무 맛있어요! 저는 매운 걸 아주 좋아해요.
우에다 : 노무라 씨는 못 먹는 게 없어요.

第32課　ル不規則用言とヒウッ不規則用言

食事の習慣の違いについての話になりました.

> 金賢哲：ごはんはこのように❷❸スプーンで食べてもいいですよ.
>
> 上　田：韓国人はみんなそのように❷❸食べるんですか?
>
> 金賢哲：箸を使ってもかまいませんが，スプーンで食べる人が多いで
> 　　　　すね. それから茶碗は持たないで食べます.
>
> 李美善：ええ，日本とずいぶん違います❶.
>
> 上　田：そうですか❷? 私はそういう❷ことは知りませんでした❶.
>
> 　　　　＊　　　＊　　　＊　　　＊
>
> 上　田：もうおなかいっぱいです❶! これ以上食べられないです!
>
> 野　村：こんなに❷❸おいしい料理を食べた❹のははじめてです!

---

❶ ル不規則用言

　第Ⅰ語基が―で終わる用言のうち，最後の子音字が ㄹ である，つまり第Ⅰ語基の最後の
文字が 르 であるものの一部は第Ⅲ語基が不規則です.

㉠ 고프다	[形]（おなかが）すいている〈既習〉
㉡ 모르다	[動] 知らない，わからない〈既習〉
㉢ 부르다	[形]（おなかが）いっぱいだ
㉣ 다르다	[形] 違う，異なる

　第Ⅲ語基で 르 が 라 または 러 となると
ころまではルールですが〔▶p.137〕，加
えてその直前の文字に終声字 ㄹ を追加し
ます. この種の用言を第Ⅰ語基の最後の文
字 르 をとって**ル不規則用言**といいます.

■**練習1**■　次の文を読み，日本語に訳してみましょう。

①배 **고파요**. 빨리 먹고 싶어요.　②저는 독일어도 프랑스어도 **몰라요**.

③너무 배 **불러요**. 이제 못 먹어요.　④처음에는 그 유학생을 잘 **몰랐습니다**.

⑤나이는 **달라도** 좋은 친구예요.　⑥이메일을 **몰라서** 연락을 못 했습니다.

| オ 이제 | [副] もう，いまや |

---

2 ヒウッ不規則用言

　第Ⅰ語基が子音字 ㅎ である 좋다《良い》以外の形容詞は，第Ⅱ語基で ㅎ が消え，第Ⅲ語基では ㅎ が消えて母音字が ㅐ になります。この種の用言を子音字 ㅎ の名称ヒウッ〔▶p.55〕をとって**ヒウッ不規則用言**といいます。次のこそあどことばがここには含まれます。

カ 이렇다 /이러타/	[形] このようだ，こうだ
キ 그렇다 /그러타/	[形] そのようだ，そうだ
ク 저렇다 /저러타/	[形] あのようだ，ああだ
ケ 어떻다 /어떠타/	[形] どのようだ，どうだ

《**参考**》子音語幹用言で第Ⅱ語基に 으 を加えるのは語幹を母音終わりにするためですが〔▶p.105〕，ヒウッ不規則用言は ㅎ を消す変則的な方法で母音終わりにします。第Ⅲ語基の母音字が ㅐ なのはヒウッ不規則用言が 하다《する》に由来するためです。

　すでに学んだ接続詞 그렇지만《しかし》，그러면《それでは》，그래서《それで》は 그렇다《そうだ》にそれぞれⅠ－지만，Ⅱ－면，Ⅲ－서がついたものなのです。

　次のような基本的な色をあらわす形容詞もヒウッ不規則用言です。

ㅋ	빨갛다 /빨가타/	[形] 赤い
ㅌ	파랗다 /파라타/	[形] 青い
ㅍ	노랗다 /노라타/	[形] 黄色い
ㅎ	까맣다 /까마타/	[形] 黒い
ㄸ	하얗다 /하야타/	[形] 白い

《参考》하얗다《白い》の第Ⅲ語基は第Ⅰ語基の母音字ㅑに影響され하얘となります.

■**練習2**■ 次の文を読み, 日本語に訳してみましょう. また①②④をヘヨ体に替えてみましょう.

①**그렇습니까?** ―네, **그렇습니다.**　②**그랬습니까?** ―네, **그랬습니다.**
③**이런** 얘기는 하고 싶지 않습니다.　④같이 밥 먹으러 가는 게 **어떻습니까?**
⑤저도 **저런** 사람이 되고 싶습니다.　⑥지금 밖에서는 **하얀** 눈이 옵니다.

③ 形容詞の副詞形

日本語の「大きい」→「大きく」の「〜く」や「そのようだ」→「そのように」の「〜に」にあたる副詞の意味をあらわすのに, Ⅰ-게という形がおもに形容詞に用いられます.

大きい　　大きく　　　　　　　　　そのようだ　　そのように
크-다　　크-게　　　　　　　　　그렇-다　　　그렇-게

《参考》「どのように」をあらわす疑問詞어떻게〔▶p.124〕はここからきたものです.

■**練習3**■ 次の文を読み, 日本語に訳してみましょう.

①**맛있게** 드십시오.　　　　　　②**좋게** 말하면 열심히 하는 선생님이지만….
③밥은 **그렇게** 숟가락으로 먹어요? ―젓가락으로 먹어도 돼요.
④우리 나라에서는 밥그릇을 **이렇게** 손에 들고 먹습니다.

ㄹ	숟가락 /숟까락/	[名] スプーン, さじ
ㅁ	젓가락 /전까락/	[名] 箸

タ 밥그릇 /밥끄를/   [名] 茶碗

---

❹ 動詞の過去連体形

　動詞の連体形はⅠ－는〔▶p.70, p.84〕とは別にⅡ－ㄴがあり，「昨日見たニュース」の「見た」のような過去の意味をあらわします．体言形〔▶p.110〕も作ることができます．

食べる〜 　食べた〜 　　　飲む〜 　飲んだ〜

　　《参考》接続形や終止形〔▶p.79〕ではⅢ－ㅆ－を含む過去語幹〔▶p.93〕を用いて，먹습니다《食べます》と먹었습니다《食べました》，먹지만《食べますが》と먹었지만《食べましたが》などのように現在と過去を区別しますが，**連体形ではその区別に語尾そのものを用いる**のです．어제 본 뉴스《昨日見たニュース》は어제 봤는 뉴스にはなりません．
　　Ⅰ－는を**現在連体形**，Ⅱ－ㄴを**過去連体形**と呼びます．後者は形容詞の連体形と同じ形です〔▶p.123〕．なお「まだ〜していない〜」にも過去連体形が用いられます〔▶p.131〕．

■練習4■ 　次の文を読み，日本語に訳してみましょう．
①그거 어디서 **산** 옷이에요? 　　②이게 제가 **받은** 입학 축하 선물입니다.
③아직 **물어 보지 않은** 것이 있어요. 　④일본에선 나무로 **만든** 젓가락을 씁니다.

김현철 : 밥은 이렇게 숟가락으로 먹어도 돼요.

우에다 : 한국 사람은 다 그렇게 먹어요?

김현철 : 젓가락을 써도 괜찮지만 숟가락으로 먹는 사람이
　　　　 많아요. 그리고 밥그릇은 안 들고 먹어요.

이미선 : 네, 일본하고 많이 달라요.

우에다 : 그래요? 전 그런 건 몰랐어요.

＊　　　＊　　　＊　　　＊

우에다 : 이제 배 불러요! 더는 못 먹어요!

노무라 : 이렇게 맛있는 요리를 먹어 본 건 처음이에요!

第33課　婉曲をあらわす「〜しますが」

上田さんと野村さんはこんどの休みに韓国に旅行に誘われています.

李美善：韓国にはいらっしゃったことないですよね❷？

上　　田：行きたいんですけど❺まだ行ってみたことがないです.

金賢哲：休みのあいだいちど行ってみるのはどうですか？

李美善：実は私たち休みのあいだ韓国に帰るんですよ❶.

上　　田：韓国にはなぜ戻られるんですか❺？

金賢哲：いっしょに会う❸人がいるんですよ❶.

李美善：私たちが韓国にいる❸ときおふたりがいっしょに来ること
　　　　　ができると❹ほんとうにいいんだけど❺.

野　　村：いい考えですね.　いちど考えてみます！

---

❶ 理由・根拠をあらわす終止形

　聞き手が知らない前提で「(実は) 〜するんですよ. (だから〜)」のように理由・根拠を述べる語尾がⅠ－거든요です (パンマルはⅠ－거든). －요の有無で「ですます形」と「タメグチ」が交替するこの種の語尾〔▶p.136〕もそれぞれヘヨ体, パンマルとみなします.

食べるんだよ　　食べるんですよ　　　食べたんだよ　　　　食べたんですよ
먹-거든　　　먹-거든-요　　　먹어-ㅆ-거든　　　먹어-ㅆ-거든-요

■練習1■　次の文を読み, 日本語に訳してみましょう.

①이거 정말 **맛있거든요**. 한번 드셔 보세요.

②나는 매운 걸 **안 좋아하거든**. 그래서 김치도 잘 안 먹어.

③사실은 저는 그 동안 학교를 쉬고 아르바이트를 **하고 있었거든요**.

④제 얘기 좀 들어 보세요. 저한테 좋은 생각이 **있거든요**.

㋐ 동안　　　　　　　　　　　　　　　[名] あいだ

② 「～したことがある／～したことがない」

　経験をあらわす「～したことがある／ない」は前課で学んだ過去連体形に 적《こと》（ここでは 것《もの，の，こと》は使えません）を組み合わせてあらわします．Ⅱ－ㄴ 적이 있다が「～したことがある」，Ⅱ－ㄴ 적이 없다が「～したことがない」に相当します．

食べたことがある

飲んだことがない
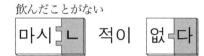

■**練習2**■　次の文を読み，日本語に訳してみましょう．

　①그 영화를 **보신** 적이 있으세요?　　②저는 아직 혼자 여행을 **해 본** 적이 없어요.

③ 動詞の未来連体形

　動詞には現在連体形Ⅰ－는，過去連体形Ⅱ－ㄴのほかに未来連体形があり，Ⅱ－ㄹであらわします．Ⅱ－ㄹは「～するであろう～」，つまり動作が今後起こるであろうことをあらわすほか，「～するべき～」のような意味を帯びることがあります．

読む(であろう)～

聞く(であろう)～

作る(であろう)～

　《参考》Ⅱ－ㄹに ㄱ，ㄷ，ㅂ，ㅅ，ㅈ（＝濃音字のペアをもつ子音字）ではじまる単語が続くとそれらは濃音で（つまり濁らずに）発音されます．またリウル語幹用言の第Ⅱ語基の最後の要素は終声字ㄹで〔▶p.116–117〕，そこにⅡ－ㄹが続くとㄹが重なるので語幹のㄹは消えると考えます（가다《行く》の第Ⅲ語基が가となる〔▶p.91〕のと似ています）．スポン（SPN）と落ちる〔▶P.117〕を**スポーン（SPLN）と落ちる**と言い替えて覚えましょう．

■**練習3**■　次の文を読み，日本語に訳してみましょう．

　①여기는 내가 **앉을** 자리가 없네.　　②**늦을** 때는 전화로 연락 주세요.
　③그건 미국에 **살았을** 때 얘기예요.　　④오늘은 점심 **먹을** 시간도 없겠어요.

　《参考》때《時》はⅡ－ㄹとの結びつきが強く，「～るとき」はもちろん，過去「～たとき」もⅡ－ㄴではなくⅡ－ㄹを用います．後者では過去語幹〔▶p.93〕とⅡ－ㄹを組み合わせます．連体形では時制の区別に語尾そのものを用いる〔▶p.151〕という原則の例外です．

❹「〜することができる／〜することができない」

未来連体形II－ㄹ と組み合わせて可能／不可能や許可／不許可をあらわす形があります.「〜することができる」をII－ㄹ 수 있다で,「〜することができない」をII－ㄹ 수 없다であらわします. 수は「術（すべ）」をあらわし, 直訳すると「〜する術（すべ）がある／〜する術（すべ）がない」という意味です. 수の後ろに助詞がつくことがあります.

食べることができる　먹으 ㄹ　수　있 다　　飲むことができない　마시 ㄹ　수　없 다

《参考》 못も「〜することができない」ですが〔▶p.146–147〕, 못が「能力がなくてできない」, II－ㄹ 수 없다が「ある条件のためにできない」のようにニュアンスの差を帯びることがあります. たとえば술을 못 마시다が「（体質上もともと）お酒が飲めない」, 술을 마실 수 없다が「（今日は車を運転してきていて）お酒が飲めない」のように用いられる傾向があります. 後者は「（学内では）お酒が飲めない」のように「〜してはいけない」の意味にもなり, そのためII－ㄹ 수 있다が「〜してよい」の意味ももつことにもなります.

■**練習4**■ 次の文を読み, 日本語に訳してみましょう. 33 05

①여기서는 택시를 **잡을 수 없어요**.　②저는 이런 돈은 **받을 수가 없습니다**.
③역시 그렇게 **생각할 수도 있겠네요**.　④내일 **올 수 있어? 올 수 없으면** 전화해.
⑤베트남 음식을 **먹을 수 있는** 식당이 서울에는 많습니다.

❺接続形／終止形「〜しますが」

日本語の「〜しますが, 〜しますけれど」にあたる語尾がI－는데です. 日本語と同じく２つの用言を明確な逆接ではなくあいまいにつないだり, また前置きに用いたりすることができます. 形容詞と指定詞にはII－ㄴ데を用います.

この形は終止形, つまり文末にも用いることができ, 文末をあいまいにぼかす役割をはたします. ただし終止形ではこのままだとパンマルとして扱われる〔▶p.152〕ので,「ですます形」にするには－요〔▶p.123–124〕をつけて〔▶p.136〕ヘヨ体とします.

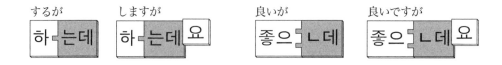

するが　하 는데　　しますが　하 는데 요　　良いが　좋으 ㄴ데　　良いですが　좋으 ㄴ데 요

《参考》補助語幹Ⅲ−ㅆ−，Ⅰ−겠−の後ろでは品詞に関係なくかならずⅠ−는데を用います（形容詞，指定詞でもⅡ−ㄴ데は用いません）．

■**練習5**■　次の文を読み，日本語に訳してみましょう.　

①밥 먹으러 **가는데** 같이 가겠어요?　②저는 매운 음식을 **안 좋아하는데요**.

③이미선 선생님은 나도 잘 **아는데**.　④중국에 사는 친구한테 **부탁했는데요**.

⑤**죄송한데** 저는 만날 수 없습니다.　⑥난 그 사람하고는 생각이 좀 **다른데**.

⑦나도 유럽에 한번 **가 보고 싶은데**.　⑧저는 사실은 그 얘기를 **하고 싶었는데요**.

⑨오늘은 낮에도 날씨가 **춥겠는데요**.　⑩전**데요**, 김현철 선생님 계십니까?

《参考》指定詞−이다は（Ⅲ−ㅆ−，Ⅰ−겠−を挟まない場合）Ⅱ−ㄴ데が用いられて−인데となりますが，連音しない場合이が省略されることがあります〔▶p.144−145〕.

　Ⅰ−는데，Ⅱ−ㄴ데は疑問詞を含む疑問文に用いられることがあります．ストレートに言い切る疑問文でないことからそのぶん語調を和らげる働きをもつようです．

■**練習6**■　次の文を読み，日本語に訳してみましょう.　

①얼만**데요**? — 만 삼천 원요.　②어디**신데요**? — 박준호입니다.

③형제가 어떻게 **되시는데요**?　④어제는 몇 시에 **도착하셨는데요**?

이미선 : 한국에는 가 본 적이 없으시죠?

우에다 : 가고 싶은데 아직 못 가 봤어요.

김현철 : 방학 때 한번 가 보는 게 어때요?

이미선 : 사실은 우리가 방학 동안 한국에 가거든요.

우에다 : 한국에는 왜 가시는데요?

김현철 : 같이 만날 사람이 있거든요.

이미선 : 우리가 한국에 있을 때 두 분이 같이 오실 수 있으
　　　　 면 정말 좋은데.

노무라 : 좋은 생각이네요. 한번 생각해 보겠습니다!

第34課　義務をあらわす「〜しなければならない」

とうとう韓国へやってきました．空港で入国手続きをしているところです．

> 上　　田：この書類も<u>出さなくてはなりませんか</u>**16**？
>
> 職　　員：申告なさるものがありますか？
>
> 上　　田：<u>ないと思いますけど</u>**5**．
>
> 職　　員：それではただサインだけしてお出しになればいいですよ．
>
> ＊　　　＊　　　＊　　　＊
>
> 野　　村：<u>両替しなくてはなりませんが</u>**1**<u>どこに</u>**3**<u>行けばいいですか？</u>
>
> 職　　員：<u>あそこに</u>**3**銀行があります．そこで<u>替えてくれますよ</u>**2**．
>
> 野　　村：はい，<u>わかりました</u>**4**．ありがとうございます．

1「〜しなければならない」

義務の意味をもつ「〜しなければならない」を朝鮮語では Ⅲ-야 되다であらわします．

読まなければならない　　　　　　聞かなければならない

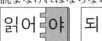 　　

《**参考**》Ⅲ-야は「〜してこそ」をあらわすので，全体を直訳すると「〜してこそなる」，つまり「〜しなければならない」です．Ⅲ-야 하다ともいえますが書きことば的です．

■**練習1**■　次の文を読み，日本語に訳してみましょう．　

①이건 어디에 **신고해야 됩니까?**　　②이 서류는 여기에 사인을 **하셔야 돼요.**

③정말 그런 것까지 **얘기해야 돼?**　　④대학생이면 꼭 이 책을 **읽어야 합니다.**

㉮ 신고	[名] 申告【申告】	
㉯ 서류	[名] 書類【書類】	
㉰ 사인	[名] サイン	

❷「〜してくれる」

　日本語と同じく「くれる」を用いて「〜してくれる」をあらわします．「〜して」にあたる箇所は「〜してみる」〔▶p.132〕と同じく第Ⅲ語基（正確にはⅢ−Ø）を用います．

読んでくれる

聞いてくれる

　　《参考》주다には「くれる」のほか「やる」でもあるのでⅢ−Ø 주다は「〜してやる」の意味でも用います．Ⅲ−Ø 주다の命令形は「ですます形」ではⅢ−Ø 주십시오，Ⅲ−Ø 주세요となり，これが「依頼」の「〜してください」で，「命令」と区別されます〔▶p.114〕．
　　Ⅲ−Ø 보다〔▶p.132〕も同じ構造で，これら「〜してみる，〜してくれる」の「みる，くれる」のように本来の意味から離れて文法的な役割をになう動詞を**補助動詞**と呼びます．

■**練習2**■　次の文を読み，日本語に訳してみましょう．　　　　　　　
　①먼저 그 얘기부터 **해 주십시오**.　　②하루만 더 **기다려 주시면** 안 됩니까?
　③내일 낮 1시에 **와 주시겠어요?**　　④주말엔 아버지가 저녁을 **준비해 주십니다.**

❸ 助詞「〜に」・その2

　助詞−에서《〜で》は場所をあらわす代名詞여기《ここ》などと結びつく際に에が消えて−서となり여기서《ここで》などとなりうることを学んでいます〔▶p.71〕．
　助詞−에《〜に》も場所をあらわす代名詞と結びついた場合に同じことが起きます．−에から에が消えうるので여기《ここ》はこのままの形で「ここに」の意味にもなるのです．

■**練習3**■　次の文を読み，日本語に訳してみましょう．　　　　　　　
　①화장실이 **어디** 있어요?　　　　②우리가 항상 가는 식당이 **저기** 있습니다.

❹ 用言の意思・推量形と「わかる／わからない」

　控えめさ，ていねいさをあらわすⅠ−겠−〔▶p.127〕는 알다あるいは모르다とともに多く用いられます．「わかりました」は알았습니다よりも알겠습니다のほうがていねいです（過去形にならないことに注意しましょう）．また「わかりません」は모릅니다よりも모르겠습니다のほうがやはりていねいです．

5 「～と思う，～ようだ，～みたいだ」

「～と思う，～ようだ，～みたいだ」のような推量表現を形容詞 같다《～のようだ》〔▶p.123〕を用いてあらわせます．같다 は 드라마 같다《ドラマのようだ，ドラマみたいだ》のように前に名詞が置かれますが，用言も体言形にすれば同じ構文が作れるわけです．

たとえば 늦는 것 같다 は「遅れていること」+「のような，みたいだ」から「遅れているようだ，遅れているみたいだ」という意味になります．形容詞の場合は，形容詞の体言形〔▶p.145〕を用いて，たとえば 좋은 것 같다 は「良いこと」+「のようだ，みたいだ」から「良いようだ，良いみたいだ」となるわけです．

動詞には過去連体形Ⅱ－ㄴを用いた形があり（늦은 것 같다《遅れたようだ，遅れたみたいだ》），また動詞，形容詞とも未来連体形Ⅱ－ㄹを用いた形があります（늦을 것 같다《遅れそうだ》，좋을 것 같다《良さそうだ》）．

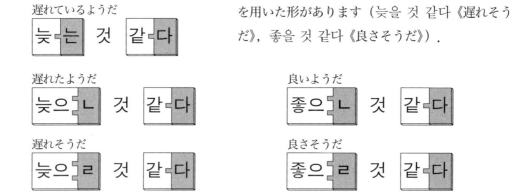

■**練習4**■　次の文を読み，日本語に訳してみましょう.

 34 05

① 지금 밖에서 비가 **오는 것 같아요**.　② 외국 돈도 은행에서 **바꿔 주는 것 같은데**.
③ 이제 3시간은 **기다린 것 같습니다**.　④ 그 얘기는 **들어 본 적이 있는 것 같습니다**.
⑤ 가을 학기 시험은 **어려울 것 같아**.　⑥ 이 스웨터 입어 봤는데 좀 **작은 것 같아요**.
⑦ 그 사람은 우리 학교 직원이 **아닌 것 같은데요**.

ㅌ	은행 /으냉/	[名] 銀行【銀行】
ㅍ	바꾸다	[動] 替える，取り替える
ㅎ	직원 /지권/	[名] 職員【職員】

34 06

《**参考**》存在詞と指定詞は基本的にそれぞれ動詞，形容詞と同じパターンとなります．なお本項の形式を推量表現として説明しましたが，実際には断定を避けるあいまいにぼかす表現と

しても用いられます（日本語の「～と思う」も同じですね）．前課で学んだⅠ－는데，Ⅱ－ㄴ
데と似ていますが，Ⅰ－는데，Ⅱ－ㄴ데が口調を遠回しであいまいにするのに対し，本項の
形式は本来推量であることから内容をあいまいにするという違いがあるようです．このような
性質の違いから，両者は重ねて用いることが可能です．

6 第Ⅰ語基が「エ」で終わる用言の第Ⅲ語基

　母音語幹用言のうち最後の母音字が ㅐ か ㅔ つまり「エ」であるものは，第Ⅲ語基で本来
加えるべき어が省略されるのがふつうです．その結果，第Ⅰ語基，第Ⅱ語基，第Ⅲ語基は
すべて同じ形になります．ㅐ あるいは ㅔ
に어が重なって見えなくなると解釈する
こともできるでしょう〔▶p.91〕．

| ㋖ 내다 | [動] 出す |
| ㋜ 보내다 | [動] 送る，過ごす |

■練習5■　次の文を読み，日本語に訳してみましょう．
　①점심 값은 제가 **냈습니다.**　　　②봄 방학을 어떻게 **보내요?**

　《参考》意味的に「～の～」の関係になる점심 값, 봄 방학は값と방학の1文字目がいず
れも濁らず濃音で発音されます〔▶p.66〕．

우에다 : 이 서류도 내야 됩니까?
직　원 : 신고하실 것이 있습니까?
우에다 : 없는 것 같은데요.
직　원 : 그러면 그냥 사인만 하고 내시면 돼요.
　　　　　＊　　＊　　＊　　＊
노무라 : 돈을 바꿔야 되는데 어디 가면 돼요?
직　원 : 저기 은행이 있어요. 거기서 바꿔 줍니다.
노무라 : 네, 알겠습니다. 감사합니다.

第35課　意思をあらわす「〜しますね」

金賢哲，李美善夫妻と空港で再会します．電車に乗って出発です．

金 賢 哲：おふたりともお元気でしたか**5**？

野　　村：金賢哲さん！ ここまで迎えに来てくださったんですか？

李 美 善：お久しぶりです**5**？ よくいらっしゃいました．

金 賢 哲：かばんください．私が持ちますから**1**．ところで家には連絡しましたか？

上　　田：いいえ，してませんけど．

李 美 善：家族の方たちが心配なさらないかしら**2**？

金 賢 哲：スマホあるでしょう？ まず連絡しておく**3**のがいいですよ．

李 美 善：ええ，私たちここで待っていますね**1**．

　　　　　　　　＊　　＊　　＊　　＊

金 賢 哲：それでは電車に乗って街の方へ**4**出ましょうか**2**？

---

1 意思をあらわす終止形

　もっぱら会話で用いられる，話し手の意思をあらわす形にⅡ－ㄹ게요があります．日本語の「〜しますね，〜しますから，〜しますからね」にほぼ相当します．Ⅰ－겠－〔▶p. 114–115〕とは異なり相手に対して約束するようなニュアンスがあります．

　またこれもⅠ－겠－とは異なり1人称にのみ用いられます．つまり疑問文としては用いません．－요のない形はパンマルとして用いられます．

行くね　　　行きますね　　　　　食べるね　　　食べますね

가ㄹ게　　가ㄹ게요　　먹으ㄹ게　　먹으ㄹ게요

　《参考》終声字ㄹではじまるⅡ－ㄹ게요などの語尾はリウル語幹用言で終声字ㄹがダブるので語幹側のㄹを消した上でⅡ－ㄹ게요がつきます〔▶p.153〕．また終声字ㄹではじまる語尾は未来連体形Ⅱ－ㄹに由来するのでㄹに続く게は濃音で発音されます〔▶p.153〕．

■**練習1**■　次の文を読み，日本語に訳してみましょう．

①내일 아침에 **연락할게요**.　②여기는 내가 **낼게**. 많이 먹어.

③한번 같이 만날 자리를 **만들게요**.　④도서관 앞에서 **기다리고 있을게요**.

2 意向をたずねる疑問形

相手に提案したり意向をたずねる誘いかけの疑問形「～しましょうか？」があり，Ⅱ－ㄹ까요を用いてあらわします． －요のない形はやはりパンマルとして用いられます．

行こうか？
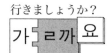
行きましょうか？

食べようか？
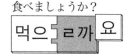
食べましょうか？

■**練習2**■　次の文を読み，日本語に訳してみましょう．

①저녁은 같이 밖에서 **먹을까요**?　②서울역까지 택시를 타고 **갈까요**?

③내가 그 유학생을 마중 **나갈까**?　④한번만 더 생각해 주시면 **안 될까요**?

㋐ 마중	[名] 出迎え	
㋑ 나가다	[動] 出ていく，出かける	

また主語が三人称の場合などで「～でしょうか」のように推量の意味で用いられます．

■**練習3**■　次の文を読み，日本語に訳してみましょう．

①가족 분들이 **걱정 안 하실까요**?　②유학 시험은 어떻게 **준비해야 될까요**?

③양말을 사야 되는데 여기서 **팔까**?　④오늘은 노무라 씨도 학교 **나올까요**?

㋒ 가족	[名] 家族【家族】	
㋓ 걱정 /걱쩡/	[名] 心配	
㋔ 나오다	[動] 出てくる	

　　《**参考**》 나가다《出ていく》と나오다《出てくる》は가다《行く》と오다《来る》に由来するもので，나다《出る》と組み合わさった合成動詞です．朝鮮語の合成動詞はある動詞の第Ⅲ語基と別の動詞を組み合わせて作るものが多く，갈아타다《乗り換える》もその一例です．

❸「～しておく」

「～してみる」〔▶p.132〕や「～してくれる」〔▶p.157〕のような補助動詞〔▶p.157〕の用法に「～しておく」があり，日本語と同じく 놓다《置く》を用いてⅢ－Ø 놓다であらわします．

買っておく
사 놓다

つかまえておく
잡아 놓다

■練習4■　次の文を読み，日本語に訳してみましょう．

① 어제 이메일을 보내 **놓았는데요.**　② 저녁 식사는 제가 다 **준비해 놓았어요.**

③ 서류는 우리가 **만들어 놓겠습니다.**　④ 돈은 은행에서 **바꿔 놓는** 게 좋습니다.

❹ 助詞「～へ」

「～を用いて」という意味をあらわす－로/－으로《～で》を学びましたが〔▶p.110〕，この助詞には方向をあらわす「～へ」という意味もあります．

> 《参考》－에 は場所をあらわす「～に」，－로/－으로 は方向をあらわす「～へ」であるというのがいちおうの区別です．つまり 학교에 가다の－에 が学校という地点を明確に指しているのに対し，학교로 가다の－로 は「学校の方へ向かって行く」というばくぜんとした方向を示します．実際にはどちらを使ってもかまわないケースが多いです．

■練習5■　次の文を読み，日本語に訳してみましょう．

① 회사**로** 한번 전화해 보세요.　② 오른쪽**으로** 가면 우체국이 있습니다.

③ 시내**로** 가는 버스가 있어요?　④ 봄 방학이 되면 어디**로** 놀러 갈까요?

| ㉠ 시내 | [名] 街(の中心)，市内【市内】 |

❺ あいさつのまとめ

「こんにちは」にあたる 안녕하십니까, 안녕하세요 は 안녕하다《元気だ》という形容詞のハムニダ体とヘヨ体であることを学びました〔▶p.139〕．文脈によっては過去形にして「お元気でしたか？」という意味として用いることができます．

最後に，既習のものも含め，あいさつをまとめておきましょう．

こんにちは．	안녕하십니까?	안녕하세요?
久しぶりです．	오랜만입니다.	오랜만이에요.
よろしくお願いします．	잘 부탁합니다.	잘 부탁해요.
ありがとうございます．	감사합니다.	감사해요.
申し訳ありません．	죄송합니다.	죄송해요.
さようなら（行く人に対して）．	안녕히 가십시오.	안녕히 가세요.
さようなら（残る人に対して）．	안녕히 계십시오.	안녕히 계세요.

35 09

뀩 오랜만	［名］久しぶり
뀨 안녕히 /안녕이/	［副］お元気で【安寧・】

35 10

《参考》 「さようなら」には2種類あります．直訳するとそれぞれ「お元気でお行きください」「お元気で（その場に）いらしてください」ということになります．

김현철 : 두 분 다 안녕하셨어요?

노무라 : 김현철 씨! 여기까지 마중 나와 주셨어요?

이미선 : 오랜만이에요. 잘 오셨어요.

김현철 : 가방 주세요. 제가 들게요. 그런데 집에는 연락했어요?

우에다 : 아니요, 안 했는데요.

이미선 : 가족 분들이 걱정하지 않으실까요?

김현철 : 스마트폰 있죠? 먼저 연락해 놓는 게 좋아요.

이미선 : 네, 우리 여기서 기다릴게요.

* * * *

김현철 : 그러면 전철을 타고 시내로 나갈까요?

35 11

テスト：作文練習・その3

■ **第31課** ■

① 沖縄も冬は寒いですか？

② スープ冷麺はもともと平壌の食べものでした.

③ 妹さんは今中学校何年生ですか？

④ クラスメートではありません. サークルの友人です.

⑤ お金がなさすぎて買えません.

⑥ 辛いものが食べたいですか？

＊　＊　＊　＊　＊　＊　＊　＊　＊

　①～⑥をすべてハムニダ体で書き，そのあとヘヨ体に替え，さらに対応するパンマルにも替えてみましょう.

　① 「寒い」を「天気が寒い」とすると朝鮮語らしい表現になります.

　⑥ 朝鮮語でも「～が～たい」と「～を～たい」の両方の言い方が可能です. 「ものが」「ものを」は短縮形を使ってみましょう.

■ **第32課** ■

① あの黄色い花は何の花ですか？

② デパートで赤いくつを買いました.

③ ほんとうにそれでもいいんですか？

④ もうおなかいっぱいで食べられません.

⑤ このように発音すればけっこうです.

⑥ 黒いスカートを履いたあの人です.

＊　＊　＊　＊　＊　＊　＊　＊　＊

①～⑥をすべてハムニダ体で書き，そのあとヘヨ体に替えてみましょう.

① 「黄色い」〔▶p.150〕.　　　　　② 「赤い」〔▶p.150〕.

③ 形容詞「そのようだ」を使って「そのようであっても」とします.

⑥ 「黒い」〔▶p.150〕，「スカート」〔▶p.39〕.

■ **第33課** ■

① どうして遅れたんですか？3時間待ったんですよ.

② 国会図書館に行ってみたことがありますか？

③ 薬を飲むときはお酒を飲んだらいけません.

④ 私たちが乗り換える停留所はどこですか？

⑤ 来年になれば中国語も学べますか？

⑥ 私が作ってみたんですが，味はいかがですか？

＊　＊　＊　＊　＊　＊　＊　＊　＊

①～⑥をすべてへヨ体で書いてみましょう．

②「**国会図書館**」＝「**韓国**」＋「**会社**」＋「**図書館**」．

③「薬」〔▶p.35〕．薬を「飲む」は「食べる」であらわします．

■ 第34課 ■

① レポートは次の火曜日までに出さなくてはなりません．

② 時間がなくてタクシーに乗らねばなりませんでした．

③ 申告書類は週末までに作れますか？もう少し早く作れませんか？

④ すみませんが夜8時に電話してください．

⑤ 今日は用事があってちょっと遅れそうです．

⑥ その友だちもいっしょうけんめい勉強していると思いますけど．

＊　＊　＊　＊　＊　＊　＊　＊　＊

①～⑥をすべてへヨ体で書いてみましょう．

①③「～までに」は「～まで」と同じ形を使います（「に」はつけません）．

■ 第35課 ■

① 私はここでもう少し待ってみますから．

② 青いのはないでしょうか？―店員さんに尋ねてみますね．

③ 外国の市内地図を売っている本屋があるでしょうか？

④ できることはみんなやっておきました．

⑤ 釜山ホテルへ行きたいんですが，どうやって行けばいいでしょうか？

⑥ 最後までいっしょうけんめい勉強してくださってありがとうございます．4月にまた会いましょう．そのときまでさようなら．

＊　＊　＊　＊　＊　＊　＊　＊　＊

①～⑤をへヨ体，⑥をハムニダ体で書いてみましょう．

②「青い」〔▶p.150〕，「**店員**」＝「**百貨店**」＋「**職員**」．

③「地図」〔▶p.99〕，「本屋」〔▶p.99〕．「売っている」を進行形にする必要はありません．

④「できる」は「することができる」ですね．

⑤「～へ」は方向をあらわすものとします．

⑥ 春休みを「過ごす」のはどこかに「行く」のではなく「いる，とどまる」と解釈できます．

日本語索引

朝鮮語索引

単語	頁	単語	頁	単語	頁	単語	頁
봄	26 ツ	쇼핑	77 ク	안녕하십니까	100 イ	연필	40 シ
부르다	148 ウ	수업	35 ウ	안녕히	163 ク	열	49 ヒ
부모님	119 ク	수요일	65 ウ	앉다	72 オ	열심히	89 ツ
부산	119 コ	숙제	60 イ	알다	116 イ	엽서	61 ジ
부탁하다	101 エ	숟가락	150 ツ	앞	41 タ	영어	52 ヌ
ー부터	66 チ	술	22 ケ	야구	93 エ	영화	52 ハ
분(方)	128 オ	쉬다	70 セ	야구장	93 エ	옆	41 チ
분(分)	88 ス	쉽다	108 ア	약	35 オ	오	23 ニ
불고기	26 ハ	스마트폰	76 ウ	양말	21 エ	오늘	19 ソ
비	26 チ	스물	101 オ	애기	43 チ	오다	65 シ
비행기	43 サ	스웨터	44 ハ	어느	37 ナ	오랜만	163 キ
ー ㅃ ー		시	88 シ	어느 거	136 カ	오른쪽	47 サ
빨갛다	150 コ	시간	25 ウ	어느 것	37 ソ	오빠	47 ク
빨리	133 キ	시내	162 カ	어느 게	137 コ	오월	50 カ
빵	47 オ	시월	50 サ	어디	25 ソ	오전	75 コ
ー ㅅ ー		시험	23 チ	어떻게	124 カ	오후	75 サ
사	23 ナ	식당	60 ア	어떻다	149 ケ	올해	52 ニ
사다	28 イ	식사	61 カ	어렵다	108 イ	옷	36 セ
사람	22 オ	신고	156 ア	어머니	18 カ	ー와	75 ク
사실	137 シ	신문	22 シ	어제	42 カ	왜	44 ニ
사월	50 オ	십	41 ヌ	언니	21 ウ	외국	44 ネ
사인	156 ウ	십이월	50 ス	언제	42 ウ	외국어	52 チ
사전	27 ヤ	십일월	50 シ	얼마	19 ツ	왼쪽	47 コ
사회학	99 エ	**ー ㅆ ー**		없다	72 エ	요리	18 ク
살다	116 ア	쓰다(書く)	111 ケ	ー에	65 コ	우리	18 エ
삼	23 ト	쓰다(使う)	57 イ	ー에게	82 ウ	우산	22 ク
삼월	50 エ	씨	47 キ	ー에서(から)	89 タ	우와	126 ア
생각	43 ス	**ー ㅇ ー**		ー에서(で)	71 ソ	우유	18 ケ
생일	52 ネ	아	132 ウ	엘리베이터	77 サ	우체국	42 エ
ー서(から)	89 チ	아니다	104 ア	여기	25 エ	운동	25 ス
ー서(で)	71 タ	아니요	18 コ	여덟	49 ヌ	원	44 ヘ
서류	156 イ	아르바이트	77 テ	여러분	100 ア	원래	69 オ
서울	22 コ	아버지	27 ラ	여름	19 タ	월	50 ア
서점	99 オ	아이	18 オ	여섯	49 ヌ	월요일	64 ア
선물	23 ソ	아주	84 カ	여자	27 ヨ	위	44 ヒ
선생님	43 ソ	아직	57 ア	여행	43 コ	유럽	77 ト
선수	97 エ	아침	40 オ	역	35 カ	유월	50 キ
성함	124 キ	아파트	77 コ	역시	107 ウ	유학	99 ク
세	87 カ	아홉	49 ハ	연구실	115 カ	유학생	99 ケ
셋	49 ト	안녕하세요		연락	69 カ	육	41 テ
손	22 キ		52 ク, 100 ウ	연세	124 ク	ー으로	110 ク

―은	53ヘ	자	133カ	지도	99キ	평양	52ノ
은행	158エ	자다	87ケ	지하철	39ウ	평일	66ソ
―을	53ホ	자리	27ヘ	직원	158カ	표	39エ
음료수	68ア	자전거	27リ	질문	27ト	표 사는 곳	93カ
음식	35ク	작년	103シ	집	35イ	프랑스	77ナ
음악	52ツ	작다	123イ			프로그램	77シ
응	135ア	잘	79エ	― ッ ―			
의자	45ホ	잡다	72イ	찌개	47カ	― ㅎ ―	
이 (この)	37ツ	재미없다	84ク			―하고	85ケ
이 (二)	23テ	재미있다	84キ	― ㅊ ―		하나	23タ, 49ツ
―이	59ケ	저 (あの)	37ト	창립	68エ	하다	28ア
이거	136ウ	저 (私)	27ヒ	찾다	110カ	하루	87カ
이것	37ニ	저거	136オ	책	43タ	하얗다	150セ
이게	136キ	저것	37チ	책상	61キ	학교	48シ
이기다	78ウ	저게	136カ	처음	40ス	학기	48セ
―이다	53マ	저기	27ク	천	62サ	학년	58ウ
―이라고 하다	101カ	저녁	35キ	축하	40ソ	학생	60ウ
이렇다	149カ	저렇다	149ソ	춥다	146キ	한	86エ
이름	19ス	전공	27ヌ	취미	44ヲ	한국	35サ
이메일	76オ	전철	39イ	치다	96イ	한국말	58オ
이미선	101ク	전화	52ナ	치마	39ア	한국어	52タ
이월	50ウ	점심	27ミ	친구	40コ	한글	25コ
이제	149オ	젓가락	150タ	칠	41ト	한글날	69キ
인사	23セ	정류장	68ウ	칠월	50ク	한번	128カ
인터넷	76ア	정말	126イ	― ㅋ ―		―한테	82エ
일 (一)	23ツ	제	42イ, 82イ	카페	77カ	항상	23ス
일 (事)	19シ	제가	82イ	캐나다	77チ	핸드폰	76ア
일 (日)	51セ	제일	43キ	커피	40キ	형	22カ
일곱	49チ	좀	132エ	컵라면	74キ	형제	124ケ
일본	26ヌ	좋다	108ウ	크다	123ア	호텔	77カ
일본말	58カ	좋아하다	78イ, 97ケ	― ㅌ ―		혼자	119ケ
일본어	52ソ	죄송하다	131ア	타다	78ア	홈런	68イ
일어나다	88ソ	주다	95ア	택시	61オ	홍차	40ク
일요일	65キ	주말	66セ	텔레비전	69コ	화요일	65イ
일월	50イ	주무시다	118キ	토요일	65カ	화장실	44ト
일하다	83オ	준비	27ム	팀	77タ	활약	97カ
읽다	81ス	중국	35シ	― ㅍ ―		회관	70シ
입다	146ク	중국어	99ウ	파랗다	150サ	회사	44ノ
입학	40セ	중학교	98ア	팔	41ナ		
있다	72ウ	중학생	98イ	팔다	116ウ		
― ㅈ ―		지금	27マ	팔월	50ケ		
				편의점	52テ		
				편지	40サ		

事 項 索 引

音源吹込　元順暎(ウォン・スニョン)、李玟庭(イ・ミンジョン)、
　　　　　朴天弘(パク・チョノン)、李鎬丞(イ・ホスン)

著者紹介
内山政春（うちやま　まさはる）
1965 年東京都生まれ．東京外国語大学朝鮮語学科卒業．同大学院修士課程修了．
ソウル大学大学院国語国文学科博士課程単位取得退学．
朝鮮語学専攻．
法政大学国際文化学部教授．
著書に『国境を越えるヒューマニズム』（共著、法政大学出版局）
『しくみで学ぶ中級朝鮮語』（白水社）
論文に「言語名称「朝鮮語」および「韓国語」の言語学的考察」
「朝鮮語の活用を記述する 2 つの方法」
「朝鮮語文法書にあらわれた発音説明の問題点（朝鮮文）」
「「語基説」における「語幹」と「語基」」
「漢字圏の固有名詞の読み方に関する言語学的考察」
「固有名詞の「自称」と「他称」」など

しくみで学ぶ初級朝鮮語　改訂版

2022 年 2 月 10 日　第 1 刷発行
2022 年 9 月 20 日　第 2 刷発行

著　者 Ⓒ 内　山　政　春
発行者　及　川　直　志
印刷所　開成印刷株式会社

101-0052 東京都千代田区神田小川町 3 の 24
電話 03-3291-7811（営業部），7821（編集部）　株式会社 白水社
www.hakusuisha.co.jp
乱丁・落丁本は、送料小社負担にてお取り替えいたします。

振替 00190-5-33228　　Printed in Japan　　株式会社島崎製本

ISBN978-4-560-06530-3

■リウル語幹用言■

㉕住む，暮らす，生きる 살 살 살아 **㉕知る，わかる** 알 알 알아 **㉕売る** 팔 팔 팔아 **㉕持つ，持ち上げる，挙げる** 들 들 들어

リウルの脱落〔▶p.117, p.153〕

㉗遊ぶ 놀 놀 놀아 **㉚作る** 만들 만들 만들어

■語幹と補助語幹の組み合わせ■

⑲⑳＋過去補助語幹 읽어 ㅆ 읽어 ㅆ으 읽어 ㅆ어

㉔㉗＋意思・推量補助語幹 읽 겠 읽 겠으 읽 겠어

㉑㉒＋尊敬補助語幹 읽으 시 읽으 시 읽으 셔

■語幹と語尾の組み合わせ■

□終止形□

⑤待つ 기다리 다 **㉕売る** 팔 다 **⑮すわる** 앉 다

⑤待ちます 기다리 ㅂ니다 **㉕売ります** 파 ㅂ니다 **⑮すわります** 앉 습니다

⑪待ちますか？ 기다리 ㅂ니까 **㉕売りますか？** 파 ㅂ니까 **⑮すわりますか？** 앉 습니까

㉘待ちましょう 기다리 ㅂ시다 **㉘売りましょう** 파 ㅂ시다 **㉘すわりましょう** 앉으 ㅂ시다

㉔お待ちください 기다리 시 ㅂ시오 **㉕お売りください** 파 시 ㅂ시오 **㉔おすわりください** 앉으 시 ㅂ시오

㉙食べる など 먹어 **㉙食べるねえ** 먹 네 **㉙食べるよね？** 먹 지 **㉝食べるんだよ** 먹 거든

㉙食べます など 먹어 요 **㉗食べますねえ** 먹 네 요 **㉘食べますよね？** 먹 지 요 **㉝食べるんですよ** 먹 거든 요

パンマルを「ですます形」にする（▶p.136） 요

㉝食べるけど 먹 는데 **㉝良いけど** 좋으 ㄴ데 **㉟食べるね** 먹으 ㄹ게 **㉟食べようか？** 먹으 ㄹ까

㉝食べますけど 먹 는데 요 **㉝良いですけど** 좋으 ㄴ데 요 **㉟食べますね** 먹으 ㄹ게 요 **㉟食べましょうか？** 먹으 ㄹ까 요

□接続形□

16 食べて 먹고　**23** 食べても 먹어도　**24** 食べれば 먹으면　**26** 食べますが 먹지만　**27** 食べに 먹으러

28 食べて 먹어서　**32** 良く 좋게　**33** 食べますが 먹는데　**33** 良いですが 좋으ㄴ데

□連体形□

14 17 食べる〜 먹는　**32** 食べた〜 먹으ㄴ　**33** 食べる(であろう)〜 먹으ㄹ　**26** 良い〜 좋으ㄴ

□その他の表現□

17 読んでいる 읽고 있다　**25** 読んでいらっしゃる 읽고 계시다　**24** 読めばいい 읽으면 되다

23 読まない 읽지 않다　**24** 読んでもいい 읽어도 되다　**24** 読んだらいけない 읽으면 안 되다

27 読みたい 읽고 싶다　**34** 読まなければならない 읽어야 되다　**34** 読まなければならない 읽어야 하다

28 読んでみる 읽어 보다　**34** 読んでくれる 읽어 주다　**35** 読んでおく 읽어 놓다

33 読んだことがある 읽으ㄹ 적이 있다　**33** 読むことができる 읽으ㄹ 수 있다

33 読んだことがない 읽으ㄹ 적이 없다　**33** 読むことができない 읽으ㄹ 수 없다

23 遅れること／もの／の 늦는 것　**34** 遅れているようだ 늦는 것 같다　**31** 良い／もの／の 좋으ㄴ 것

32 遅れたこと／もの／の 늦으ㄴ 것　**34** 遅れたようだ 늦으ㄴ 것 같다　**34** 良いようだ 좋으ㄴ 것 같다

34 遅れそうだ 늦으ㄹ 것 같다　**34** 良さそうだ 좋으ㄹ 것 같다

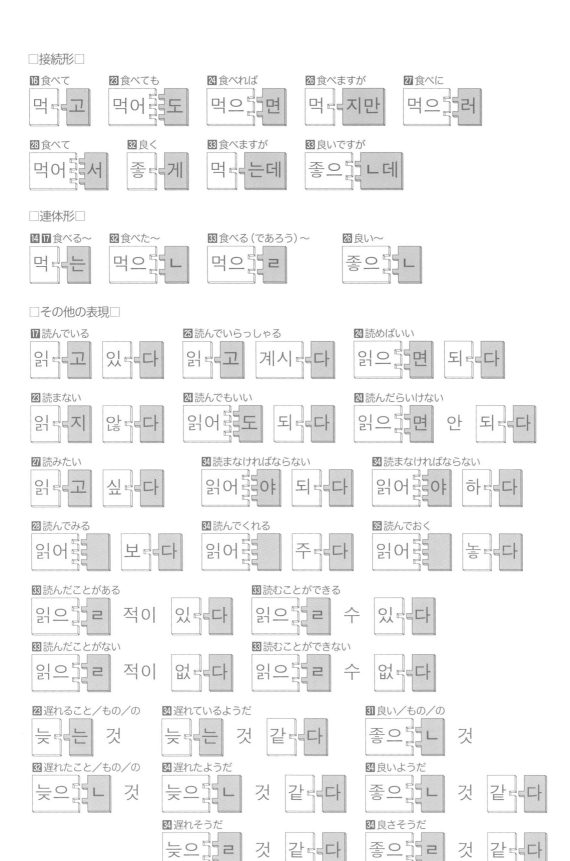